戴茂林的中共党史研究之路

戴利研 著

辽宁人民出版社

© 戴利研　　2024

图书在版编目（CIP）数据

戴茂林的中共党史研究之路 / 戴利研著. -- 沈阳：辽宁人民出版社, 2024.12. -- ISBN 978-7-205-11345-2

Ⅰ. D263

中国国家版本馆CIP数据核字第2024MT3427号

出版发行：辽宁人民出版社
　　　　　地址：沈阳市和平区十一纬路25号　邮编：110003
　　　　　电话：024-23284325（邮　购）　024-23284300（发行部）
　　　　　http://www.lnpph.com.cn
印　　刷：辽宁新华印务有限公司
幅面尺寸：170mm×240mm
印　　张：14.5
字　　数：240千字
出版时间：2024年12月第1版
印刷时间：2024年12月第1次印刷
责任编辑：青　云
装帧设计：G-Design
责任校对：耿　珺
书　　号：ISBN 978-7-205-11345-2
定　　价：68.00元

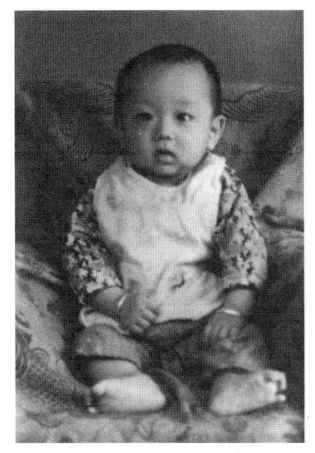

1957年2月出生于吉林省敦化县工人家庭

1969年12月全家合影（第2排右1）

1975年7月毕业于吉林省敦化林业局中学（第5排左5）

1976年6月在敦化林业局大石河林场集体户加入中国共产党
（第2排左4）

1978年1月加入中国人民
解放军武装森林警察部队

1978年10月考入延边大学
政治系

1984年7月考入吉林大学与硕士生导师曹仲彬教授

1991年9月考入中国人民大学与博士生导师彦奇教授

1984年入学的吉林大学研究生3舍521室师兄弟2024年再相聚

1998年9月在陕西省横山县高家沟村召开高岗问题座谈会

2000年1月在北京访谈高岗秘书赵家梁

2000年1月在北京访谈高岗夫人杨芝芳

2000年4月在北京访谈高岗夫人李力群

2017年7月被聘为辽宁省人民政府参事

2018年9月在辽宁省人大常委会新闻发布会上介绍中小学减负情况

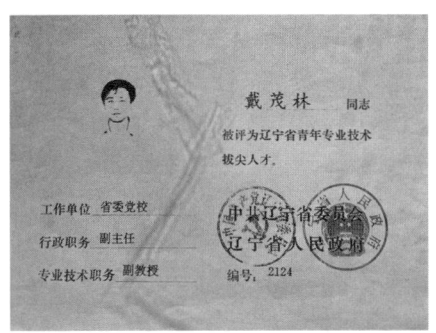

1996年被评为"辽宁省青年专业技术拔尖人才"

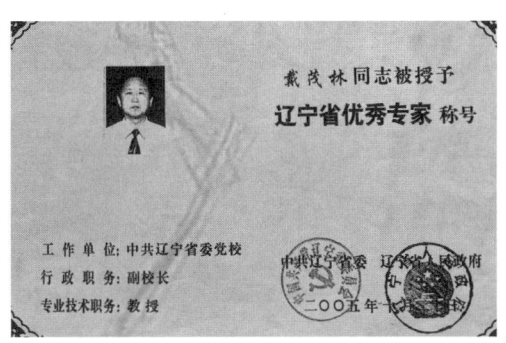

2005年被授予"辽宁省优秀专家"称号

2009年获批享受国务院政府特殊津贴

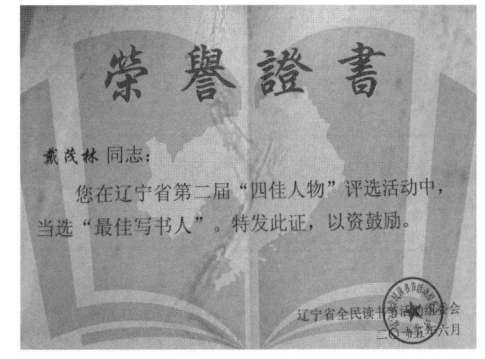

2015年在辽宁省第二届"四佳人物"评选中当选"最佳写书人"

王明之子王丹之于2013年3月将其母编著的书赠送给戴茂林

前言

戴茂林，1957年2月生于吉林省敦化县敦化镇工人家庭。

1975年7月中学毕业后上山知青，1976年6月加入中国共产党，1977年12月入伍当兵，1978年10月考入延边大学，1982年7月分配到延边医学院马列教研室任助教，1984年7月考入吉林大学攻读中共党史专业硕士学位，1987年6月到中共辽宁省委党校党史教研室任教。

在中共辽宁省委党校工作期间，1991年9月考入中国人民大学在职攻读中共党史专业博士学位，2003年7月任中共辽宁省委党校校委委员，2008年10月至11月到香港中文大学访学。

2013年12月至2017年4月，调任辽宁社会科学院主持工作。2017年4月，转岗辽宁省人大工作。

戴茂林是一名普通学者，但他在40余年的中共党史研究道路上作出了不普通的贡献。

戴茂林从1986年起，发表了60余篇研究中共党史的学术论文，出版了下列有较大影响的学术著作：

《莫斯科中山大学与王明》《王明传》《高岗传》《中共中央东北局（1945—1954）》《中国共产党人形势观》《"毛泽东查刘少奇档案"真相调查》等。

为什么能在中共党史研究的道路上作出不普通的贡献？戴茂林的成长之路和治学经历能给读者哪些借鉴？

这正是笔者撰写这部著作的主要原因。

此外，本书也想通过回顾戴茂林的成长之路和治学阶段向读者介绍一些党史著作的出版情况，例如：

1988 年出版的《莫斯科中山大学与王明》是国内第一部公开出版的研究王明问题的学术专著，为什么是自费出版？

《王明传》于 1991 年出版后，为什么在 2008 年和 2020 年又由两家不同的出版社出版？

《高岗传》在 2002 年就与出版社签订了出版合同，为什么一直到 2011 年才正式出版？

2016 年出版的《"毛泽东查刘少奇档案"真相调查》是经中共中央文献研究室审查、中共中央党校出版社出版的，为什么出版后引起了一些争议？

《中共中央东北局（1945—1954）》已经于 2017 年出版了，为什么出版后又被列为国家社会科学基金项目？

本书引用了戴茂林的一些日记来记述他的成长之路，同时也是想通过这些真实的日记来叙述那个年代年轻人的所思所想。

需要说明，虽然笔者的主要研究方向是经济学，但之所以撰写此书，既是因为多年来一直关注戴茂林的中共党史研究，也是因为参加了一些戴茂林的课题研究。笔者是戴茂林负责的国家社会科学基金项目"中共中央东北局研究"课题组成员，《中共中央东北局（1945—1954）》出版后笔者即在《辽宁日报》发表了对该书的评论文章。

此外，为了撰写此书，戴茂林不仅向笔者提供了他的日记等有关资料，而且还与笔者有过多次深入交流。

本书分上篇"成长之路"、中篇"治学阶段"、下篇"学术贡献"，阐述戴茂林的中共党史研究之路。

目录

前言 / 001

上篇 成长之路 / 001

一、努力进取的父亲和爱看书的母亲培养了爱读书的习惯 / 002

1. 13 岁"闯关东"的父亲努力进取 / 002

2. 没上过学的母亲喜欢看书 / 008

3. 为了鼓励其读书母亲未揭穿他"捡书"的谎言 / 011

4. 小学期间读完了中国古典四大名著 / 012

二、"多读理论书不看黑小说"的中学生 / 013

1. 上中学后开始写日记 / 013

2. 经受考验加入共青团 / 017

3. 苦思如何做一名"无产阶级革命事业的接班人" / 019

4. 自我要求"多读理论书,不看黑小说" / 021

三、理想与迷惘的知青岁月经受了磨难、促进了思考 / 024

1. "奔向那祖国需要的地方" / 024

2. 不同于下乡知青的上山知青 / 028

3. "毁林种地"当选为先进 / 031

4. 加入中国共产党决心"扎根山区干革命" / 034

5. 难以自拔的反思 / 037

6. 深山中一个人的春节 / 040

四、十个月的军旅经历锻炼了身体、磨炼了意志 / 042

1. 1977年高考过关却穿上了军装 / 042

2. 半年总结时被评为"中队标兵" / 045

3. 利用业余时间复习考入大学 / 047

4. "世上无难事，只要肯登攀" / 050

五、不用扬鞭自奋蹄的大学四年 / 051

1. 入学后的两份时间安排表 / 051

2. 不断思考人生意义的大学生活 / 053

3. 虽然考研失败但打下了哲学基础 / 057

4. 当选为全班唯一的"优秀毕业生" / 061

六、步入高校讲授党史 / 064

1. 助教兼学生辅导员 / 064

2. 走上讲台讲授中共党史 / 066

3. 担任延边医学院团委副书记 / 068

4. 离校前的《长白山游记》 / 069

七、攻读党史专业硕士决定了事业发展方向 / 071

1. 恩师引路终身受益 / 071

2. 高起点发表论文奠定了严谨求实的学风 / 075

3.54 天出省调研培养了注重访谈的研究特色 / 076

4. 陈修良前辈对其硕士论文的 29 处修改 / 079

5. "神奇的 521" / 080

八、在职读博拓宽了研究领域 / 083

1. 落户沈阳工作于中共辽宁省委党校 / 083

2. 一波三折的考博经历 / 086

3. 历经 5 年在职学习获得博士学位 / 090

4. 导师的教诲激励着真诚做人、做真实的学问 / 092

九、担任行政职务未影响党史研究 / 094

1. 担任科研处处长后努力科研 / 094

2. 进入校领导班子仍然继续科研 / 096

3. 担任副校长后去香港中文大学访学 / 097

4. 负责辽宁社会科学院工作后向省委申请回党校任教 / 098

十、转岗后仍然继续科研 / 103

1. 转岗省人大后承担了国家社会科学基金项目"中共中央东北局研究" / 103

2. 任省政府参事后加强了咨政建言研究 / 106

3. 在建党百年之际承担了辽宁省第一场党史宣讲 / 108

中篇 治学阶段 / 111

十一、1984 年至 1991 年主要研究王明问题 / 112

1.1988 年与曹仲彬出版《莫斯科中山大学与王明》/ 112

2.1991 年与曹仲彬出版《王明传》/ 114

3.2013年出版《王明与莫斯科》 / 117

4.发表研究王明和"左"倾的学术论文13篇 / 120

十二、1992年至1995年主要研究东北救亡总会 / 122

1.博士学位论文定为"东北救亡总会研究" / 122

2.到长春、北京、武汉、重庆等地搜集《反攻》半月刊 / 123

3.《反攻》半月刊介绍在《抗日战争研究》发表 / 125

4.1996年出版《八年抗战中的东北救亡总会》 / 126

十三、1995年至2015年主要从事高岗问题研究 / 129

1.中标了无他人申报的"高岗传"课题 / 130

2.遍访知情者拓宽了研究高岗问题的视野 / 131

3.5万字的《高岗传》在《中共党史人物传》第82卷发表 / 133

4.35万字的《高岗传》于2002年7月签订出版合同但一年后被撤销 / 134

5.《高岗传》历经波折于2011年4月出版 / 137

6.2016年出版《"毛泽东查刘少奇档案"真相调查》 / 139

十四、1999年至2001年研究"党的三代领导集体关于正确分析形势的思想" / 141

1.1999年中标国家社会科学基金项目"党的三代领导集体关于正确分析形势的思想研究" / 141

2.2000年发表《科学分析形势是坚定正确理想信念的前提》 / 143

3.2001年出版《中国共产党人形势观》 / 144

十五、2015年至2021年主要从事中共中央东北局研究 / 146

1."1945年至1954年的中共中央东北局发展史"被列为2011年度辽宁省社会科学规划基金重点项目 / 147

2.《中共中央东北局(1945—1954)》被列为"新闻出版广电总局'十二五'

国家重点图书" / 148

3. "中共中央东北局研究"中标 2017 年国家社会科学基金项目 / 150

十六、2022 年后继续从事"高饶事件"研究 / 152

1. "高饶事件"是中共党史上的重大事件也是需要深入研究的重要问题 / 152

2. 整理了 12 万字的《高岗问题访谈录》 / 153

3. 撰写了 13 万字的《郭峰关于高岗问题的见证与思考》 / 155

下篇　学术贡献 / 159

十七、出版国内首部研究王明问题的学术著作《莫斯科中山大学与王明》 / 160

1. 自费出版《莫斯科中山大学与王明》 / 160

2. 《莫斯科中山大学与王明》的发行得到了前辈的鼓励 / 161

3. 《莫斯科中山大学与王明》是国内首部研究王明问题的学术著作 / 162

十八、东北救亡总会研究"填补了中共党史、中国革命史和东北人民革命斗争史研究中的一个空白" / 164

1. 东北救亡总会"长期以来并没有得到公正的评价" / 164

2. 系统论述了东北救亡总会的特点与贡献 / 165

3. "填补了中共党史、中国革命史和东北人民革命斗争史研究中的一个空白" / 167

十九、《王明传》在 29 年内由三家出版社三次出版 / 169

1. 中共党史出版社于 2008 年 11 月再次出版《王明传》 / 169

2. 2020 年 3 月天地出版社又出版《王明传》 / 171

3.《王明传》产生了较大的社会影响和学术价值 / 173

二十、"对于产生于特殊年代的'鞍钢宪法'进行了研究" / 174

1. 在《中共党史研究》发表《鞍钢宪法研究》 / 174

2.《鞍钢宪法研究》在学术界产生了一定影响 / 175

3.《鞍钢宪法研究》获得中共中央党校和辽宁省表彰 / 177

二十一、深入研究中国共产党人形势观 / 178

1. 潜心研究中国共产党领导集体为深入研究中国共产党人形势观打下了基础 / 178

2. 明确提出"科学分析形势是坚定正确理想信念的前提" / 180

3.《中国共产党人形势观》出版后获得好评 / 180

二十二、出版《高岗传》引起较大社会反响 / 181

1.《高岗传》出版后众多报刊、网站转载和评论 / 181

2.《高岗传》引起广泛关注源于"让历史事实来说话" / 183

3.《高岗传》的成功在于"攻克难度才有高度" / 184

二十三、率先研究东北局并以"优秀"结项国家社会科学基金项目"中共中央东北局研究" / 186

1. 率先"挖掘东北局历史这座富矿" / 186

2. 出版《中共中央东北局（1945—1954）》给读者带来"意外惊喜" / 188

3. 承担国家社会科学基金项目"中共中央东北局研究"并以"优秀"结项 / 190

二十四、明确提出所谓的"查档事件"是一起以讹传讹的乌龙事件 / 194

1. 在《当代中国史研究》发表《"毛泽东让高岗查刘少奇档案"一说辨析》 / 194

2. 由中共中央党校出版社出版《"毛泽东查刘少奇档案"真相调查》 / 195

3. 更加深入地研究所谓的"查档事件" / 196

二十五、《统一规范表述党员干部的"理想信念"内容》一文得到中共中央组织部的重视 / 197

1. 工作中发现改革开放以来不同时期关于理想信念的表述不一 / 197

2. 建言经《人民日报内参》报送后得到中共中央组织部领导的批示 / 199

3. 应中共中央组织部研究室邀请赴京参加关于"理想信念"规范表述座谈会 / 200

二十六、《抗美援朝纪念设施相关表述需调整》的建言得到国家有关领导的批示 / 201

1. 2021年5月发表《关于进一步发挥我省红色资源优势打造革命文物陈列展览精品的建议》 / 201

2. 2021年6月提交《抗美援朝纪念设施的相关表述要全面、准确，不当之处应高度重视尽快改正》 / 202

3. 《抗美援朝纪念设施相关表述需调整》的建言得到了国家有关领导的批示 / 203

附录 / 204

一、出版的学术专著 / 204

二、发表的学术论文 / 205

三、采用的咨政建言 / 209

后记 / 211

上篇

CHENGZHANG
ZHILU

成长之路

一、努力进取的父亲和爱看书的母亲培养了爱读书的习惯

每个人的人生都有不同的轨迹,走出一条什么样的人生道路当然取决于自身的努力,但不可否认父母的教育和家庭的影响也是重要方面。

戴茂林出生于一个普通的工人家庭,但13岁"闯关东"的父亲不仅努力进取,还由一名普通工人成长为国家干部。没上过学的母亲不但通过自学可以读书看报,还千方百计地鼓励子女好好学习。

在这样的家庭环境中成长,戴茂林从小就养成了爱读书的习惯。

1.13岁"闯关东"的父亲努力进取

1957年2月20日,戴茂林出生于吉林省敦化县一个普通的工人家庭。

敦化县历史悠久,素有"千年古都百年县"之称。698年,靺鞨族粟末部首领大祚荣率众在此筑城自固,建都称王,号称震国。713年,唐玄宗册封大祚荣为渤海郡王,始称渤海国。清光绪七年(1881),吉林将军铭安奏准设置敦化县,取《中庸》中"小德川流,大德敦化"之句,寄"敦风化俗"之意,定名为敦化,隶吉林府。

敦化位于长白山腹地,牡丹江源头,有"长白山立体宝库"之美誉,是全国重点林区之一。

现在的敦化南山建有一座"清祖祠",但很多初来此地的游客对此不解:"清祖祠怎么能在敦化?"

关于敦化,打开《清史稿》就可见这样的记述:

清始祖居鄂多哩城,即此。初为额穆赫索罗堧地。光绪八年建新城置,隶吉林。

在满族传说中,满族始祖布库里雍顺由三仙女吞朱果而生,后来到鄂多哩城,平定三姓之乱,被奉为贝勒,建立满洲,成为清皇室血脉相传的正史。鄂多哩城,就是敦化。额穆赫索罗,是敦化额穆镇所在地。光绪八年(1882)建新城置,是指光绪皇帝解除了清朝对长白山区长达200年的封禁,在敦化设置县。

敦化还是一座英雄的城市。1931年九一八事变后,日本侵略军于9月23日侵入敦化,敦化人民在中国共产党的领导下奋起反抗,曾任东北抗日联军第一路军第三方面军总指挥的陈翰章就是敦化人。至今仍矗立在敦化市人民政府门前的抗日英雄陈翰章将军纪念碑,立于1946年8月15日,署名为"敦化、额穆两县全体人民"。

1945年8月抗日战争胜利后,敦化是中共吉敦地委所在地。1946年,中共吉林省委、吉林省政府暂驻敦化。新中国成立后,敦化县于1958年由省辖县划归延边朝鲜族自治州。1985年,敦化县改为敦化市(县级),仍为延边朝鲜族自治州辖区。虽然敦化历史悠久,但戴茂林的父亲戴德和并不是土生土长的敦化人,他于1926年3月12日出生在山东省郓城县杨庄集公社孟庄大队一户农民家庭。

郓城县是著名的水浒故事的发祥地,也是宋江、晁盖等《水浒传》中众多英雄的故乡,素有"梁山一百单八将七十二名在郓城"之说。

不过,家乡虽然有尚武传统,但戴德和的童年主要是在山上放牛,而且由于家中贫困,生活难以为继,1938年4—5月,13岁的戴德和跟随他的父亲戴秀岭和大哥戴德仁"闯关东",来到了吉林省敦化县。

"闯关东"是中国现代史上的著名事件。从广义上讲,有史以来山海关以内地区的民众出关谋生,皆可谓"闯关东"。但通常所说的"闯关东"是狭义的,指的是从清朝同治年间到中华民国这个历史时期内,以山东为代表的中原地区老百姓去东北谋生。

"闯关东"听起来很豪迈,但"闯关东"本身并不浪漫,更多的是一种无奈。谁能在山东老家过得好好的历经艰辛来东北呢?

戴德和和家人们用了近两个月的时间才由山东郓城来到吉林敦化,而且到敦化不久,13岁的戴德和就为生计所迫,去工厂当了一名学徒工。

戴德和的档案中有一份写于1960年6月21日的自传,其中有他来到敦化后的经历:

> 13—14岁,来到东北吉林省敦化县福兴工厂当徒工,没有工薪就吃穿。因没有供给原料工厂停止作工,因此离场;15—19岁,敦化县集英楼饭店当徒工,管吃穿,没有工薪,做三年,满徒以后吃劳金二年;20岁,敦化县造纸厂抬原木,八一五解放;20—21岁,八一五解放后敦化县三勇饭店吃劳金,因为馆不作离饭店;22—23岁,敦化县搭伙做小买卖,生活不够做小买卖。①

一个山东的放牛郎历尽艰辛来到东北,目的肯定是为了能过上比放牛更好的生活。不过,虽然东北的黑土地肥沃得能攥出油来,但要想在这块土地上过上好日子,并非想象的那么容易。戴德和来东北后的最大变化,是由农转工,从山里的放牛郎变成了工厂里的学徒工。

学徒工的本意是指跟人学习技能的人,但那时的学徒工实际上就是个打杂的,是被人随时吆喝着干这干那的勤杂工。而且那时的学徒工与普通工有个最大的区别——没有工薪就吃穿。

戴德和在敦化的学徒工生涯共有4年,第一年是在福兴工厂给人打杂,

---

① 引自吉林省林业厅制的《干部档案戴德和卷》。后文中引自戴德和档案中的材料皆出自此,不再注释。

第二年到第四年是在聚英楼饭馆跑堂。之后，开始升级为"长工"，"吃劳金"。

"吃劳金"，是对给雇主打长工的习惯称谓，意思是靠打长工挣工钱。戴德和之所以能从没有工薪的学徒工升级到"吃劳金"，是因为3年的学徒期已满，出徒后就应该有些工钱了。

从1944年5月到1945年8月，戴德和到敦化县南八里堡当了一年零三个月的工人，之后就再次选择到自己熟悉的饭馆去"吃劳金"。但7个月后，他又开启了人生中的另一个阶段：与人合伙做小买卖，时间是从1946年5月至1949年3月。再后来，戴德和的人生发生了重大转折，走上了一条在中国共产党领导下的国有企业当工人的道路。

1948年11月2日，解放战争三大战役之首的辽沈战役胜利结束，东北全境解放了。东北解放使戴德和的命运发生了根本改变，1949年4月，他经人介绍加入敦化森工局制材厂，在装卸车间当了一名装卸工。

新中国的森林工业企业首先是在1948年末东北解放后接收过来的。吉林省在东北解放后新中国成立前就接收了旧社会遗留下来的森林工业企业，成立了吉林省林务局，并按县建制，设立了蛟河、敦化、安图、和龙、汪清、舒兰、桦甸等7个林务分局和双河镇、延吉2个直属林务所。

森林工业企业的管理体制在新中国成立后变动较大。1958年2月11日，第一届全国人大常委会第五次会议决定，森林工业部和林业部合并为林业部。1962年11月18日，中共中央、国务院作出《关于成立东北林业总局的决定》，由林业部通过东北林业总局直接管理东北、内蒙古森工企业。由此，各地的森林工业局都改称为林业局。

林业局是国有企业，行政级别是县处级。在计划经济年代，林业局本身就是一个五脏俱全的小社会。以敦化林业局为例，不但拥有林场、制材厂、贮木场等十几家企业，而且还有公、检、法以及学校、医院、幼儿园、商店等一整套后勤保障体系。

从一名与人合伙开小铺的自由职业者到国营大厂的装卸工，戴德和的这个转变还是很大的。然而，更大的变化是，戴德和在中国共产党的领导下，在新的工作岗位上，不仅成为劳动模范，而且于1955年光荣地加入了中国共产党，还出席了全省的群英会，并且由工转干，成为一名国家干部。

身份的改变，带来了工作岗位的频繁调整。据档案记载，从1964年9月到1977年6月，不到13年的时间，戴德和调动了6个工作岗位：

1964年9月—1965年3月：敦化林业局贮木厂连队，支部书记。
1965年4月—1966年8月：敦化林业局江东服务站，支部书记。
1966年9月—1970年2月：敦化林业局和平林场，工会主席。
1970年3月—1971年5月：敦化林业局服务公司，行政组长。
1971年6月—1977年6月，敦化林业局贮木厂连队，支部书记。
1977年7月后，敦化林业局活动板房厂，副厂长。

戴德和于1983年12月退休，不幸的是，于2001年8月突然得了脑血栓病，虽然经过及时抢救病情有所好转，但是一年后又被确诊为肺癌，于2004年6月22日去世，享年79岁。

"无论在工作岗位上还是在家庭中都是强者的爸爸"影响了戴茂林的一生。

2002年5月6日父亲还在世时，戴茂林就写下了这篇名为《爸爸》的短文。

今年"五一"回家，看爸爸。

爸爸是去年8月得脑血栓病倒下的。当时人事不省，住院两个月，出院后是半瘫状态，只有在别人帮助下才能拖动着半身不遂的身躯艰难地挪动。爸爸出院后在哥哥和姐姐家住了几个月，今年5月1日，才终于回到了自己的家。

爸爸突然发病生命垂危时，我并不知道，哥哥和姐姐是在爸爸的病情稳定之后才告诉我的。当我在去年"十一"假期间第一次去医院看爸爸时，爸爸已经脱离了生命危险，只是躺在床上，需要别人料理。今年春节我又在哥哥家与爸爸待了几天，那时的爸爸虽然在别人的搀扶下也可以勉强地走动，但仍然以保全性命为首任。所以，当时爸爸自身没有更高的奢求，我也没有心情品味爸爸病后的心态。

这次"五一"放假我直接来到了爸爸的家，与爸爸共同生活了4天。

爸爸回家的第一天，极度兴奋。我搀扶着他在两个房间和厨房之间来回走了几趟，注意到他不但细细观察着那些熟悉的物件，有时还伸出那只可以活动的左手，摸一摸那些伴随了他多年的陈旧物品。

然而，从第二天开始，我就发现了爸爸的急躁，他开始和继母发生争吵。

妈妈是在1971年病逝的，那时爸爸只有45岁。从1971到1999年，爸爸为了我们6个孩子，也因为无法忘记他深爱的妻子，谢绝了众多好心人的介绍，当了28年的鳏夫，直到3年前，他终于不能也不再需要为孩子们出力时，才与这位继母结婚。继母是位能干的家庭妇女，与爸爸成婚后对爸爸很关照，这次爸爸得病，也多亏继母的伺候。但继母的性格与爸爸不同，她唠唠叨叨，经常是手嘴并用，干活时也不忘反复地抱怨。

爸爸从13岁起跟随爷爷由山东闯东北，当过饭店的伙计，做过工厂的学徒工，后来到林厂扛木头，一直到当厂长，从来都是一个响当当的男子汉。在我的记忆中，高大魁梧的爸爸即使在养家糊口的艰难岁月中，也从不悲观失望，包括家庭中的一些难做的活计，他也总是会想出各种各样使你出乎意料的办法予以解决。然而，无论在工作岗位上还是在家庭中都是强者的爸爸也有一个明显的弱点，那就是性子太急。他总是用自己的高效率来衡量别人的工作，而且还总是用自己的亲自动手来代替对别人的耐心讲解。

现在看来，这是爸爸性格中的一个悲剧性隐患。因为你不可能面对所有的问题，在所有的日子里都是一个强者。当岁月无情地让你也无法超越别人甚至是无奈地落在别人的后面时，你就不会坦然地面对，平和地接受，而是比别人平添了几分的痛苦。

回到家中的爸爸仍然是没有别人的搀扶就无法站立，而且说话只能是蹦出单一的字和简单的词，不能连贯地表达出自己的意思。但是，爸爸的思维仍然和病前一样敏锐，记忆也十分清晰。当他不满意继母的劳作或唠叨而严厉地扬起那两道剑眉时，使人一下子就找到了他当年的勃勃英气。然而，这股英气只是瞬间的闪烁,当他激动地又是含糊不清地吐出一串串谁也听不清楚的话语时,听者茫然了,他自己也突然惊愕了。立刻,一种无法掩饰的悲哀弥漫了父亲的脸庞,他会立即停止无力的申述或者是训斥,颓然地将脑袋仰靠在松软的沙发上。

第三天和第四天,我感觉到爸爸的话明显地减少了。我搀扶着他在房间中走动时,他虽然还四处环顾,有时候也伸手触摸,但他经常是站在窗边向外眺望。我家住在4楼,前边的建筑物也大多不高,可以从我家的窗前直看到远处的群山。吉林省的"五一"正是由黄转绿的季节,山上虽然不是满目葱绿,但粉红色的山花夹杂在黄绿相间的树丛间,使人在一丝冬的寒意中更感受到了春的希望。

爸爸远眺时是从来不做声的,但我从他那渐渐舒展的剑眉中还是感受到了从激动到无奈再到平和的转变。

也许人的生活就是这样,当你是一位强者时,你有权力行使你强者的尊严;但当生活将你改变,使你不再是一位强者时,你也应当随之改变自己的性情,去适应已经发生了变化的处境。也许,只有这样,你才能永远保持一种强者的心态吧。

我没有和爸爸说这些道理,只是经常搀扶着爸爸,默默地眺望着窗外。①

2. 没上过学的母亲喜欢看书

戴德和在与人合伙做小买卖的时期有一件人生中的大事——于1947年与何菊珍女士结为夫妻。

戴茂林的母亲何菊珍与父亲戴德和不同,是土生土长的东北人。

何菊珍1930年4月16日出生于辽宁省台安县一户贫农家庭,父亲早年去世,母亲领着她和弟弟艰辛度日,于20世纪40年代一家三口投奔亲属来到敦化县太平山屯务农。

---

① 戴茂林:《爸爸》(未刊稿),2002年5月6日。

何菊珍的母亲赵秉贤是一个不惧艰难的女强人,她虽然身居农村,没能上学读书,但通过自学认识了不少字,能够读书看报,这在当时的农村中实属罕见。而且,她追求进步,爱国爱党,在新中国刚成立时就加入了中国共产党。在20世纪70年代,她还曾来到敦化县城做过学习"毛选"的报告,在敦化县城中小有名气。

据戴茂林的大哥戴茂喜回忆:

> 姥姥非常痛恨日本鬼子,经常给我们讲日本鬼子侵略中国的暴行。姥姥还给我们讲当年土匪的种种暴行,讲当年解放军团长江贤儒率领解放军部队和国民党土匪斗争的故事。当时姥姥已经搬到太平山屯,就在江贤儒牺牲的地方,后改为贤儒屯,太平山屯就成为贤儒公社一个大队。姥姥不止一次跟我们讲,要记住日本鬼子和国民党土匪的罪行,要热爱中国共产党,热爱我们的国家,要好好学习,要勤劳,做人要正直,要热爱劳动。①

有这样一位爱国爱党的母亲,自然会影响到子女。

何菊珍是18岁时与戴德和结婚的,俩人组建的家庭是典型的"男主外,女主内"。戴德和每天早起晚归,忙于工作;何菊珍虽然也曾在敦化林业局食堂做过一段时间的服务员,但多数日子还是在家照看孩子,操持家务。

作为一名家庭妇女,何菊珍是典型的贤妻良母,但她的视线并未仅仅局限在家中。虽然没有上过正规学校,但她通过夜校认识了很多字,能够翻阅报纸和小说。何菊珍尤其爱看小说,只要有机会就会翻看子女们借来的小说。但她看书时有一个把眼里看到的字用嘴读出来的习惯,即俗称的"念书",这在戴茂林的记忆中印象深刻。

当然,何菊珍最主要的任务还是照顾好丈夫和孩子。为此,她基本上是家中起得最早、睡得最晚的人。为了丈夫能安心工作,家里的脏活、累活都要承担;为了孩子能健康成长,既要尽可能把饭菜做好还要把好吃的留给孩子。在那个

---

① 戴茂喜:《我的家庭情况》(未刊稿),2016年9月。

难以吃饱穿暖的年代，为了家人的健康，她累坏了自己。

戴茂林有两个哥哥、一个姐姐、两个弟弟。生于1950年的大哥戴茂喜是兄妹六人中的老大，对母亲也有更深入的了解。他在2016年9月写的《我的家庭情况》一文中专门写了"我们的妈妈"一节，其中写道：

> 妈妈何菊珍，生于一九三〇年。妈妈的个儿不高，不到一米六。在我的印象中，妈妈是一个非常善良、勤劳的女人，她身上继承了姥姥的一些特点。妈妈没有上过学，也没有参加工作。记忆中，妈妈在五十年代末至六十年代初，曾在林业局的食堂当过服务员，是临时工。妈妈也是通过夜校认识了一些字，后来可以看一些简单的文章、书籍。
>
> 妈妈非常善良，乐于助人，和邻居们相处得都很好。
>
> 一九七一年三月十二日，妈妈永远地离开了我们，那年，妈妈才41岁。①

生于1954年的姐姐戴茂莲是兄妹六人中的唯一女性。她深爱母亲，多次向戴茂林讲述母亲的事迹，她在亲笔写的家庭材料中有这样一段文字：

> 母亲一生诚实勤劳好学，喜爱读书，身体多病。喜读书可能和姥姥有关。
>
> 在姥姥23岁那年，姥爷去世（因病），和太姥爷、大舅、母亲生活。解放前从老家逃荒到敦化贤儒公社南黄泥河落户，后搬到贤儒太平山村。因为姥姥的一个弟弟、两个妹妹在太平山村。
>
> 姥姥一生刚强上进，是老党员，聪明好学，喜读书，学"毛选"。曾在70年代初来敦化做学习报告，我听过一场。②

在戴茂林的记忆中，母亲的一生不仅自己"勤劳好学，喜爱读书"，她还善于引导自己的孩子好好读书。

---

① 戴茂喜：《我的家庭情况》（未刊稿），2016年9月。
② 戴茂莲：《家里的一些情况》（未刊稿），2016年10月。

为了鼓励他读书而不揭穿他"捡书"的谎言，就是一个很好的例证。

3. 为了鼓励其读书母亲未揭穿他"捡书"的谎言

在 20 世纪 60 年代，一名工人家庭的孩子平时是没有零花钱的，一年中只有过年时才会得到一份压岁钱。

这份压岁钱在不同家里会有不同的数额，戴茂林家里的标准是每个孩子每年五毛钱或一元钱。

大约是 1965 年春节，戴茂林得到了少有的一元压岁钱。他先是花两毛钱买了最喜欢吃的也是平时吃不到的糖和饼干，然后用一毛钱跟哥哥去看了一场电影，其余的钱就严密地藏了起来。因为这些钱不能一次花光，这可是一年的零花钱啊！

当然，为了看小人书，花一分二分看一本也是可以的。有一天，他在出租小人书的书铺里想看一本名叫《风雪大别山》的小人书。但店主说看这本小人书需要三分钱，因为这本小人书刚刚上市，是同学们爱看的抢手货。

三分钱要是看一般的书，都能看三本了。所以，当时他虽然非常想看但又实在舍不得花三分钱来看。

遗憾地从书铺出来后，戴茂林来到了新华书店。但没想到，竟然在书店卖小人书的柜台上发现了这里正在卖《风雪大别山》，价钱是四毛钱。

此时的戴茂林陷入了两难之中：要是能有一本自己的《风雪大别山》，不仅想看时就能看，而且在同学之间会引起多大的羡慕啊！但一本小人书就要四毛钱，即使花的是自己的压岁钱，但要是母亲知道自己花这么多钱买一本小人书，不是要用笤帚打屁股吗？

怎么办？太渴望这本书的戴茂林想出了一个自认为是两全其美的办法：买下这本书，然后告诉母亲是在大街上走路时捡来的。

果然，回家后他告诉母亲在大街上捡到了一本小人书时，母亲并没有说什么。

但后来想起这件事时他已经认识到，母亲怎么会相信在到处都是人的大街上自己的儿子就能捡到一本全新的小人书呢？

4. 小学期间读完了中国古典四大名著

戴茂林是 1964 年 3 月上小学的。

不知上小学时老师是如何选择的，他上学后就被选为班级的学习委员，而且整个小学期间都是班里的学习委员。

当然，老师的选择肯定也是有道理的，因为戴茂林确实是一个喜欢看书的学生。通过父亲、母亲和哥哥、姐姐爱读书的潜移默化，他已经把看书当成了和弹溜溜球一样好玩的事情，而且随着书读得越来越多，书本的吸引力就越来越大。家中由于孩子多又只靠父亲一个人的工资生活，所以不是每顿饭都有菜吃，吃饭时经常把咸菜和酱当作菜。但这对于戴茂林而言不是什么问题，因为只要有书，就可以把书当成"菜"。所以，他经常是一边吃饭一边看书。

看书如果成为习惯，是无法停止的。书的来源有限，他会想尽办法到处寻找。

戴茂林曾回忆说：

记得一个同学的爸爸是一个有文化爱读书的人，家里有很多小说，但这些小说都藏在一个书柜里，而书柜是上锁的，别人无法打开。眼见书在那里但拿不出来，多急人？急中生智，我和同学发现这个书柜虽然是上锁的，但书柜下面的抽屉是可以拉出来的，把抽屉拉出来后，就可以把手通过抽屉的间隙伸入书柜，虽然大部分书还是拿不到，但是可以用这个办法取出几本书来。

我印象深刻的《保密局里的枪声》这本小说，就是通过这个方法"偷"出来看的。①

到 1971 年上中学前，戴茂林已经通读了《三国演义》《水浒传》《西游记》《红楼梦》四大古典名著和《野火春风斗古城》《林海雪原》等现代小说。

这在当年的同龄人中，还是比较少见的。

---

① 戴茂林：《戴茂林回忆录》（未刊稿），2022 年 8 月。

二、"多读理论书不看黑小说"的中学生

敦化虽然是个县城，但在戴茂林上学的年代却有四家县团级国企：敦化林业局、木材综合加工厂、林业机械厂和3305兵工厂。

这四家国企中前三家属于一个系统，都归延边州林业局管辖，其中的敦化林业局和木材综合加工厂隔江相望，前者位于江南，后者位于江北。

在那个国企"办社会"的年代，敦化林业局和木材综合加工厂都有自己的子弟学校，学生可以就近入学。所以，戴茂林虽然是敦化林业局的子弟，但因为家在江北，小学上的是木材综合加工厂子弟学校。

1971年3月，戴茂林来到江南的敦化林业局第一中学一连四排，成为一名中学生，还被任命为排长（即班长）。

也许是学校的要求，也许是当上了班长对自己有了更高的要求，他从1971年4月5日起开始写日记。

1. 上中学后开始写日记

戴茂林的日记本本身就是那个时代的印记。封面上边是在金光闪闪的天安门城楼上印的五个大字：毛主席万岁！下边是三个更大的字：东方红。翻开后的第一页是"四个伟大"：伟大的导师、伟大的领袖、伟大的统帅、伟大的舵手，毛主席万岁！

他的第一篇日记很短，记述的是当上红卫兵的心情：

今天，我光荣地加入了红卫兵，我当时的心情是多么激动啊！

因为红卫兵是保卫党中央、保卫毛主席的先进组织，我们是毛主席的红卫兵，毛主席是我们的红司令。我一定不辜负他老人家的期望："好好学习，天天向上。"像同您老人家宣誓时说的那样："为解放全人类，奋斗终身。"沿着您老人家指引的道路奋勇前进。①

这篇日记中的记述在今天看来很像官样文章，但在那个年代，刚上中学就加入了红卫兵，成为"保卫党中央、保卫毛主席的先进组织"的一员，心情激动是可以理解的，愿意"为解放全人类，奋斗终身"，也是发自内心的。

但是，5个月后的这篇日记让人有些费解，当年初一的学生，对于40年前的九一八事变，会有这么深刻的记忆吗？

9月18日

今天是日本帝国主义侵占我国领土40周年了。

日本帝国主义在40年前的今天，霸占了我国领土，对我国人民进行残暴的统治，妄想把中国变成他的殖民地。伟大的中国在中国共产党、毛主席的领导下，进行了八年的抗日战争，打败了日本帝国主义。

现在，日本帝国主义在美国的扶持下，复活了军国主义。我们一定要百倍提高警惕，坚决打倒日本军国主义。

这篇日记的内容和标准化的语言表述，明显具有模仿的特点。但让人不解的是，日记是写给自己看的，应该是有感而发或是记下一些自己认为有必要记

---

① 戴茂林：《戴茂林日记》（未刊稿）。后文引用的日记皆来源于《戴茂林日记》，不再注释。

下的事，有必要抄袭吗？

继续看下去就清楚了，原来那个年代中学生的日记，是要由老师检查的。老师检查学生的日记，可以通过下面的两篇日记证明。

戴茂林 1972 年 9 月 30 日的日记是一首诗，也是目前看到的他写的第一首诗：

> 时间飞过七点钟，
> 千家万户亮晶晶。
> 我为祖国作贡献，
> 铺路任务已完成。
> 高唱凯歌往回走，
> 身儿虽累心高兴。

这首诗是用蓝色钢笔水写的，下面有署名"李"的老师用红笔写的批注：

还要努力，认真看书学习。

1972 年 11 月 27 日的日记只有一行字：

下午放学后红卫兵进行了语文考试，自己答得不够好。

在这篇日记后有班主任张勇老师写的一段话：

看到你能学习英雄，对比自己，自觉学习"毛著"，争取早日入团，做好本职工作，望你实现诺言，取得思想、工作、学习之丰收。

很显然，班主任张勇老师是对他前一段的日记都看了后才写下这段评语的。但他的日记中有老师看过标记的到此为止了，以后的日记中再也没有发现有人看过的痕迹。

日记是历史的记忆。通过戴茂林的日记可以看到,那时的中学生劳动任务是比较多的。

1971年10月20日的日记写道:

我们今天到太平岭公社下石河子大队去帮助秋收。

1972年4月27日的日记写道:

我校革命师生,在毛泽东思想的光辉指引下,为了落实毛主席的"五七"指示,于今天开始上山开荒种地,为革命多打战备粮。

之后的28日、29日、30日的日记都是记述这次开荒种地的内容。

1972年5月5日的日记写道:

劳动于本日胜利结束了。

可见,这次上山开荒种地持续了近十天。而且,有些劳动是随时都可能进行的。

1972年5月10日的日记就写道:

头午上文化课,下午因为情况的变化,需要我们连的同学去扛木头。在扛时,我和一个同学抬,突然脚一滑,陷到了泥堆里……

初中生,15岁左右,既要去农村帮助农民秋收,又要一连十几天地上山开荒种地,还要修路铺路,而且上午上课下午就可能被调去扛木头。用今天的眼光看,这些红卫兵的劳动已经超出了上"劳动课"的范畴,但在当时这叫"开门办学",目的是让学校的老师和同学走出课堂,走出校门,到工厂、农村的广阔天地去参加社会实践,从而达到既改造知识分子,又打破知识分子与工农大众隔阂的界限这样一种目的。

当然,作为一名初中生是不可能了解这些复杂思路的,作为毛主席的红卫兵,就是要做到"毛主席挥手我前进",这就是戴茂林当时最主要的愿望。

2. 经受考验加入共青团

在20世纪70年代初期的中学,红卫兵是一批一批地在同学中发展的,最后大家基本上都能加入。但对一名共青团员的要求可是很高的,即使到毕业时,一个班里也只有少数几名同学才能加入共青团。

从日记中可见,为了加入共青团,戴茂林作出了很大努力。

1971年9月30日的日记写道:

今天我们一连发展了第一批中国共产主义青年团。这也是我们连的一件大事,自己虽然做得很不够,但我有决心向他们学习,取长补短,争取早日加入中国共产主义青年团。

日记中所写的"一连"就是中学一年级,当时的一连有五个排,也就是初一有五个班。由于发展团员是由年级统一安排的,一次也就两名左右,所以,戴茂林虽然是班长,但他并没有在第一批就加入共青团,所在的四班也就没有团员。

中学的第二年,四班有了团员,但不是戴茂林,而是从吉林省磐石县转来的一名女生,叫莫巧琳。

班里来了一名共青团员,这本来就是一件引起同学关注的事情,更何况这名新来的女生不但人长得漂亮,学习还很好,自然吸引了更多同学的目光。

当班长却没能入团,这本来就会有一定的压力,以前班里没有团员时还好,现在有了团员,压力自然会更大。但碍于面子,戴茂林并没有主动与这位有些高傲的女团员靠近。结果,在大半年后发展的第二批团员中,这位班级的女团员介绍班里另外一位男生加入了共青团。

戴茂林在1972年5月19日的日记中写道：

下午在小学会议室召开了发展红卫兵大会。会后，一部分同学又参加了发展新团员大会。自己参加了会议。这次会议对自己的教育是比较大的。发展了两名同学。通过这两名同学的事迹，对照一下自己，我找出两点……

自我查找的两点原因，一是"自己的斗争性不强"，二是"不能经常找同学谈心"。由此可见，那时的入团标准，对这两方面的要求是比较高的。

认识到了不足，就要敢于斗争。他在十几天后的5月30日的日记中写道：

最近几天来，我排的无政府主义比较严重。有几个同学本身是干部却带头破坏课堂纪律，自己管时，与自己争论。虽然他搞无政府主义是不对的，但他认识不到这一点，不听帮助。我的工作也受到了一定的压力，该怎么办呢？

昨天晚上老师到我家来找我谈了一下，鼓励我继续战斗下去。老师走后，我想起了毛主席的"什么叫工作，工作就是斗争。哪些地方有困难，有问题，需要我们去解决，我们是为着解决困难去工作、去斗争的，越是困难的地方，越是要去，这才是好同志"的伟大教导，我增强了战斗的信心，自己也有决心迎着困难上，决不向坏思想让步，作坚决的斗争，在斗争中求团结。

看来，毛主席大力提倡的斗争哲学已经深入人心了，认真负责的老师来家访，也是鼓励同学们要"继续战斗下去"。

不过，虽然戴茂林的斗争精神在增强，但在1972年9月26日发展的第三批团员中，仍然没有被选中。

一直到1973年2月12日，戴茂林才终于实现了渴望已久的愿望，在日记中写道：

从今天起，我就是一名光荣的中国共产主义青年团团员了。

从1971年9月30日写下"争取早日加入中国共产主义青年团"，到1973年2月12日终于实现渴望已久的愿望，大约一年半的时间。从要求入团到被批准入团的心路历程来看，虽然在入团之前学校已经发展了三批团员，但戴茂林并没有灰心丧气，而是不断地反省自己，最终实现了愿望，确实经受住了组织的考验。这对于一名年轻人的成长，是大有益处的。

3. 苦思如何做一名"无产阶级革命事业的接班人"

中华人民共和国历史上的"文革"十年，是斗争的十年。虽然后来证明这是一场"内乱"，是把自己人当成了斗争对象的"内斗"，但在具体的领域，在一名中学生团支部书记的世界里，既要"批林批孔"，与"修正主义教育路线回潮"斗，又要维持课堂纪律，与破坏课堂纪律的坏现象斗。但这种"大斗"和"小斗"，在实践中如何能够统一？

这本来就是"文革"时代一个难以破解的矛盾，戴茂林虽然爱思索也不可能找到正确的答案。

林彪与妻儿仓皇外逃机毁人亡的"九一三事件"发生在1971年，但全国性的"批林批孔"运动始于1973年。

戴茂林在1974年1月25日的日记中写道：

目前在全国各条战线普遍开展了"批林批孔"运动。

在校时（1月5日至3月1日是假期）我们曾经开展了"批林批孔"运动，通过对阴谋搞复辟恢复旧统治的孔老二、林彪的批判，在思想上能进一步肃清一些旧的思想。孔子所散布的"三纲五常"等一些反动思想，一直被历代的统治阶级用于统治人民的工具，成为劳动人民身上的精神枷锁。今天，我们伟大的社会主义祖国在毛主席的领导下，劳动人民当家做主人，过上了幸福生活。但大叛徒却拾起了孔子的破烂货，妄图复辟资本主义。所以我们一定要彻底批倒批臭林彪、孔子的反动思想，巩固无产阶级专政，防止资本主义复辟。

"批林批孔"和批"修正主义教育路线回潮"几乎是同时进行的。戴茂林在1974年2月18日的日记中写道：

临时通知，各班的骨干同学和家长到校，传达中央文件。

听了中央5号文件，自己更加认清了目前"修正主义教育路线回潮"的严重现象。文件讲了某校有个女同学，因没有按照老师的要求去做，却被修正主义的教育路线逼的自杀。这所学校平时对学生实行"管、卡、压"，把学生当作敌人来对待，完全又执行了被无产阶级"文化大革命"打倒了的那一套修正主义教育路线。

结合我校目前存在的情况看，也有一些"修正主义教育路线回潮"的现象。他们学校搞AB卷，我们学校考试搞一人一桌，说：这样能考出真实成绩来。对违反纪律的同学推出教室等一些现象不也正是"修正主义教育路线的回潮"吗？

估计开学后马上就要搞"批林批孔"运动。

戴茂林是在入团不久又担任了班级团支部书记的。1974年3月3日，他在日记中写道：

班级的纪律情况近几天不好，课堂上有一部分同学不遵守纪律。

在中午时，我找了一名纪律不太好的同学谈了一下，他表示得非常好，当时自己听了之后，非常高兴。但在下午时，这名同学在讨论会上表现得很不好，做得很不对。当时自己真没信心了，决心还没有半天，便吹了，怎么能进步呢？

一个多月后的4月9日，他写一篇很长的日记，记下了当时的课堂局面和自己经受的锻炼：

在第二节的数学课，自己经受了不平常的锻炼，见了一点世面，受到了一些教训。

有一名同学（班委会成员，团积极分子）在上课大约七八分钟后，突然没有敲门推门而入。有的同学见到这种现象在底下讲话，这名同学便大声说了一些课堂上不应讲的话（这时老师在抄题）。当老师指出这种做法不对时，他便坐在座位上和老师顶起来，大嚷大叫，与老师吵了10多分钟的时间。我坐在座位上思想激烈斗争起来，作为班级的团支书，见到这种现象应该怎么办？想到了自己的责任，"我是一名共青团员"，便站了起来，对他这种做法进行了制止。但他并没有听，虽没向我来，但继续与老师吵。应该怎么办呢？自己站在那里认真分析、思考了一下：根据平时的表现，此同学还不能是故意地与老师吵架，其中必有原因。猛然想起了在昨天数学课下课后他拿了老师的书在外面看，老师找书没有，他在外说"在我这里"。老师出来之后很气愤，在当时有很多人的情况下说，"你把书给我送去"，之后便回教研室去了。这名同学当时很下不来台，但还是把书送回去了。想到这里，我认为如果继续下去是没有结果的，问题也解决不了，因为他完全是故意吵架的。我便与老师说："团员、班委会同学留下，其余的同学先下课吧。"在这之前老师说这节课不上了，来解决问题。但老师说："不，全体同学都来共同分析一下。"本来自己是站很长时间了，真有些下不来台，老师说之后，我便硬着头皮坐下了。又吵了一会儿后，老师便讲课了。这时自己已忍不住了，便开门出去了，很气愤（这主要是对这名同学）。一会儿，那名同学出来了，当时自己真想不管你接受不接受，怎么办，狠说他一顿。但还是控制住了自己，向他调查了事情的原因，严厉地指出了他在课堂上所犯到的错误。他也接受了批评，并且也表示在下午检讨。

通过这件事，自己更进一步认识到"什么叫工作，工作就是斗争"。

4. 自我要求"多读理论书，不看黑小说"

在有书的年代，读书对一些人而言已经成为习惯。像戴茂林这种在小学时就已经看过中国古典四大名著的人，不读书是不可能的。但是，在那个书很少，很多书又不许读的年代，读什么书？怎么读书？

戴茂林的答案是："多读理论书，不看黑小说。"

1973年11月13日，他在日记中写道：

> 利用几天的时间读了一本《中国哲学史简编》，学得不好，有很多问题看不懂，只大概看一下，以后还必须重新学。
>
> 七四年的元旦献词学了一遍。元旦献词号召我们要认真看书学习，多读一点小说和历史书。以前自己也看过一些小说，其中有一些是不健康的，今后要多读理论书，不看黑小说。

这篇日记不长，只有两个自然段，但其中透露出的信息，还是值得回味的。

第一段说读了《中国哲学史简编》，但很多问题看不懂，只是大概看一下，还是符合实际的。一名中学三年级的学生捧起《中国哲学史简编》翻看，看不懂是正常的。但为什么要看这样一本晦涩、难懂的哲学书？这其中固然有喜欢读书的个人因素，但更主要的原因还是与当时的大背景有关。

至于日记中写到的"以后还必须重新学"这句话，算是一语成谶。他写这句话时不会想到，当1982年大学毕业前考中国人民大学招收的伦理学专业硕士研究生时，中国哲学史竟然是一门必考课。但很可惜，虽然他在9年前自学过这门课，为了考试肯定也会反复学习，可那次报考还是以失败告终。

至于通过反省以前看过的一些小说中有不健康的内容，从而得出"今后要多读理论书，不看黑小说"这个结论，很能反映出一名爱读书的人在那个年代的心理特点：书还是要读的，但要"多读理论书"；小说也不是不看，而是"不看黑小说"。

戴茂林的第一本读书笔记写于1974年，其中第一篇读书笔记的题目是《学习〈列宁、斯大林论中国〉笔记》，但这篇读书笔记没有日期。第二篇写于1974年6月15日，题目是《读电影、话剧剧本〈珍泉〉感》。

从他的这本读书笔记中可以看出，给自己定的"多读理论书"的目标还是做到了，因为仅在 1974 年下半年，在这本笔记中记下的读书笔记就有：

学习《学习资料》（毛泽东主席 1910—1930 年的一些未公开发表的著作）笔记；
学习《学习资料》（毛泽东主席 1934—1937 年的一些著作）笔记；
学习《哲学常识》笔记；
学习《名词解释》摘录；
学习《政治经济学》（资本主义部分）摘录。
此外，还有抄录的一些文章和诗歌等。
至于"小说也要看"，在日记中也有记载。

1974 年 2 月 17 日的日记写道：

近几天看了一本《难忘的战斗》长篇小说，这本书的原名叫《粮食采购队》，是最近重新出版的，比较好。

但在这个时期看没看所谓的"黑小说"，就无法考证了。

三、理想与迷惘的知青岁月经受了磨难、促进了思考

20世纪那场轰轰烈烈的知识青年上山下乡运动,不仅是一代人挥之不去的难忘记忆,也已经成为当代中国史研究中的一个重要课题。

当年的知青们回忆起那难忘的往事都会感慨万千,每个人的叙述都是满满的爱恨情仇;专家学者们对这场运动的评价也是各抒己见,围绕这是一场培养无产阶级革命事业接班人的政治运动还是一次为安排青年就业而迫不得已采取的经济行为争论不休。

然而,历史不相信眼泪,历史也不需要赞美。评价历史难免有评价者的情感,但了解真实的历史只能依靠历史的真实。

戴茂林的知青岁月是他走出校门后的第一步。这一步虽然只有两年半,但这艰苦与浪漫、理想与迷惘的知青岁月,不仅对他的中共党史研究之路产生了重大影响,而且影响了他整个人生。

1."奔向那祖国需要的地方"

全国性的知识青年上山下乡运动,是从1968年12月毛主席发出"知识青年到农村去"的号召后全面兴起的。到戴茂林中学毕业的1975年,这场运动已经渐入尾声。但对于刚刚走出校门的中学生而言,上山下乡是人生的新里程,

必然是豪情满怀地跨入征程。

1975年6月9日，戴茂林所在的敦化林业局第一中学四年二班的54名同学和班主任老师到照相馆拍了一张毕业合影，照片上的题字是：

一生交给党安排

"一生交给党安排"，就要"奔向那祖国需要的地方"。

敦化林业局第一中学七五届毕业典礼是1975年6月24日举行的，戴茂林在这天的日记中写道：

上午全校召开了批判大会，批判几名同学抢军帽、破坏纪律等坏现象。

下午在局俱乐部召开了四年级七五届应届毕业生毕业典礼。校宣传队还演了文艺节目，之后又放映了电影《战斗的早晨》。

学校又发放了每人一本毛主席著作（合订本，四卷），领取了毕业证书。

从今天起，结束了学生时代的生活。

几天来，心情便不能平静。回想着就要离开学校，在三大革命的实践上迈出新的一步——上山，去谱写历史的新的一页，委实是有些豪情满怀，斗志昂扬，也决心在广阔天地里贡献出自己的全部力量。但即将离开学校，离开这使我由一个无知的青年成长为光荣的共青团员，成为初步具有社会主义觉悟、有文化的革命接班人的哺育我成长的大熔炉时，又想到自己懂的革命道理太少，文化知识又只学到了一点点，心情更有些难言的滋味。但我明白，只有在革命实践中努力自学，在实践中锻炼，才能补回这一课。

日记中提到的"抢军帽"，是没有经历过那个年代的人很难理解的一种特殊时期的畸形社会现象。

对于一名毕业生而言，在毕业的这一天上午参加批判大会，下午出席毕业典礼，还真是少见。不过，从戴茂林的这篇日记中能够感到，上午参加批判大会下午出席毕业典礼并没有影响他那激动的心情。

在这篇日记的后面,他写下了这首诗:

奔向那祖国需要的地方

像即将奔腾的骏马,
像银燕整装出航。
人民培育的新苗啊,
就要移向那需要的地方。

回忆走过的历程,
激动的心情怎能平静。
既兴奋,
又愧满腔。

爸爸送我上学的第一天,
充满着无知的空想。
老师教我的第一个字啊,
亲身体会到了党的温暖。

胸前飘起了红领巾,
左臂配上了红袖章。
当我在团旗下举起了右手,
为共产主义奋斗终身的誓言永远、永远在身边回响。

前进的道路并不平静,
缺点、错误一桩又一桩。
从那得意的碰壁起,
才懂得了谦虚隐藏着巨大的力量。

> 在校的时光已过，
>
> 又将谱写新篇章。
>
> 登高望远看：
>
> 前途灿烂、辉煌。

这首诗并不长，只有6段24行，却是对他十几年学校生活的总结和即将迈向社会后的展望。从老师教的第一个字，到胸前飘起红领巾、左臂配上红袖章，再到在团旗下举起右手；从反思自己得意的碰壁，到懂得谦虚隐藏着巨大的力量；从登高望远，到坚信前途灿烂、辉煌。叙述的逻辑是清晰的，其中也不乏"谦虚隐藏着巨大的力量"这样的所谓"金句"。但是，一名18岁的青年这样总结过去展望未来，是有思想还是没有思想？

早在战争年代，毛泽东就写过一篇关于思想来源的名篇《人的正确思想是从哪里来的》，指出人的正确思想不能从天上掉下来，只能来源于社会实践。但毛泽东强调的是人的正确思想产生的来源，如果是不正确的思想呢？如果没有实践呢？是不是没有社会实践就不能产生正确的思想呢？

答案是肯定的，正如毛泽东所言，没有社会实践是不能产生正确思想的。但也要指出还存在另外一种情况，就是虽然自己的头脑中不能自发地产生正确的思想，但是可以接受被灌输进来的思想，只是这种通过灌输接受的思想有正确的也有不正确的。

戴茂林的问题在于，此时，还没有社会实践，这也就意味着自身还不可能形成正确的思想，只能接受别人灌输的思想。但被灌输的思想就是正确的思想吗？如果接受的思想本身就是脱离实际的空想，那么，在这种空想指导下的信心，不就是一种盲目的自信吗？

当然，也许这种担心是多余的。该来的总会来，人生的磨难也是一种锻炼，从没思想到接受灌输的思想再到形成自己的思想，恐怕是一名思想者免不了的人生历程吧。

2. 不同于下乡知青的上山知青

戴茂林在参加完毕业典礼两天后，就踏上了两年半的知青历程。他在1975年6月26日的日记中写道：

> 早晨八点左右，校园内一片欢腾，红旗飘扬战鼓响，在鞭炮声中我们上山青年每人佩戴一朵红花被师生们欢送出校门，送到了各个单位。
> 我们贮木场准备办三四天的学习班。之后可能在5日（7月）到沟里上山。
> 单位告诉我们明天七点半到场办学习班。

日记中写到的上山青年被送到各个单位，是因为敦化林业局所属的集体户是按局里下属的各个单位组织的，人多的单位可以单独把自己单位职工的子弟（有的是亲属）从四面八方汇集起来组成一个集体户，人少的单位可以把自己单位的子弟送到别的单位组织的集体户中去。

日记中写到的"沟里"，是当地的土话，指的就是山上的林场，也即知青们上山的目的地。

戴茂林所在的贮木场集体户基本上都是贮木场职工的子弟或亲属，来自四所中学。集体户刚组建时共27人，不到一个月就增加到32人，最多时达40人，这在当时敦化林业局各个集体户中算是人数比较多的。

集体户的领导机构是由贮木场负责组建的，叫户委会，由1名户长、2名副户长和2名委员共5人组成，戴茂林被任命为户长。

上山下乡的本意是让知识青年到农村去接受贫下中农的再教育。

"下乡"，自然是到乡下农村去；"上山"，本来指的也是去山区的农村。但上山下乡运动在实践的过程中，也有一部分知识青年是到军垦农场，或是到企业的矿山、林场等去接受工人阶级再教育的特殊情况。

戴茂林父亲所在的敦化林业局是林业企业，局里所属的各个采伐树木的林场都在深山老林之中，属于"山上"，而他父亲所工作的贮木场在县城内，属于"山下"。所以，他作为贮木场职工的子弟就属于"上山"知青，需要到林场去接受工人阶级的再教育。

"上山"知青与"下乡"知青的最大不同是，教育他们的对象一个是工人阶级，一个是农民阶级。此外，"上山"知青作为企业的子弟归属企业领导，也是一个重要特点。

1975年7月11日，戴茂林与集体户的户友们一道，乘坐小火车来到了大石河林场（也叫三场），正式开启了知青生活。

小火车是林区特有的交通工具。因为在林场采伐的树木主要是通过铁路运到山下的贮木场，所以林区要修建铁路。由于林区的铁路主要是运送木材，用途单一，因此，为了节约建设成本和适合林区空间较小坡度较大的特点，林区的铁路比正规的铁路要窄，跑在路上的火车也比正规火车要小，故称为小火车。

小火车的时速一般在每小时40公里左右，大石河林场距离敦化县城有二百多公里，所以戴茂林和户友们是经过大半天的颠簸才来到集体户所在地的。

县团级的敦化林业局所属的林场按级别而言只是个科级单位，但这个科级单位的林场是国家所有制和集体所有制并存的混合体。林场的正式职工中不但有采伐树木的各个工种，还有在小学、食堂、宿舍、卫生所等各类机构中工作的人员。在归林场管辖的集体所有制中，有林场职工子弟组成的返乡集体户和以女家属为主的家属生产队，还有刚来的贮木场知青集体户。家属生产队、返乡集体户和上山集体户象征性地组成了一个大队，但由于各自在经济上都是独立核算，彼此之间并无实质性的往来。

返乡集体户和上山集体户本来都是敦化林业局职工的子弟，但因为返乡集体户的成员家就在本地，他们属于回乡务农，不属于知青，所以也没有国家给予知青的安家费。这就使返乡集体户和上山集体户之间出现了身份上的不同和待遇上的不平等，彼此之间的磕磕绊绊就很难避免。

上山集体户由于有安家费，所以来到大石河林场后，被场方安排到一栋独身职工住过的宿舍居住。这栋宿舍经过简单改造，有一间厨房、一个餐厅（兼会议室）、男女各两个睡觉的房间。睡觉的房间是对面炕，中间有一个取暖的火炉，一面炕上一个人挨着一个人地可以睡五六个人，一个房间就有十多人。

上山集体户与那些下乡到农村的集体户是有很大区别的。

下乡知青虽然也要在集体户中共同生活，但他们的劳动不是独立的，而是参加到当地的生产队中，是生产队的一员，要服从生产队的劳动安排，参与生产队的经济分配。上山知青与此不同，上山集体户不仅是全体户员要同吃、同住、同劳动，而且是一个自收自支、自负盈亏的独立核算的经济实体。虽然集体户归林场的党支部领导，但林场是全民所有制，集体户是集体所有制，林场可以力所能及地帮助集体户，但并不负责集体户的经济利益，集体户能不能挣到钱和能挣到多少钱，是由集体户自行解决的。因此，作为集体户的户长，就犹如一名家长，小到每天的劳动任务如何分配、吃喝拉撒睡如何解决，大到春夏秋冬的工作任务如何安排、一年的工分如何兑现，都要由户长来拍板决定。

集体户是没有星期日休息这一说的，只要天好就要干活，但要是下雨，就要"雨休"。

1975年7月29日这天下雨，戴茂林写下了来到大石河林场后的第二篇日记：

来到三场已二十多天了。

在场党组织的关怀和帮助下，二十多天来，我们的工作取得了一些成绩，户内的学习、生活、工作等各方面都较好。

来到这儿二十多天，我确实经受了一点考验。三十二人的一个户，究竟怎样才能带好、办好，各方面的问题很多，我作为户长，应该怎样办呢？自己尽量把工作抓紧，发动核心，形成正气，劳动中积极带头，苦活儿、累活儿抢着干，虽然肩膀压红、肿了，手也出了泡，晚间躺到炕上又乏又累，但这样做，确实是应该的，要不怎能领导群众呢？

虽然户内目前可以，但以后问题必然会越来越多，并且有了一些苗头。这样工作一定要抓紧，做思想工作，抵制歪风。

今天是雨休。

早饭后户内开了会。

之后参加了一会儿义务劳动，送砖。送砖回来后我便躺下睡觉了，但过了一会儿，同学又把我叫醒，我们两个男生又出去装沙子。

要说干活儿，戴茂林还真不打怵。这不仅是因为那时的学校搞开门办学进行了劳动实践，也与他的家庭环境有关。由于母亲早逝，家里条件不好，他上中学时就经常在家做饭做菜，这也是来集体户后逢年过节时他作为户长要亲自上灶为大家炒菜的一个原因。为了补贴生计，他的父亲在离家有四五里路的南山上开荒种了一片自留地，他经常同哥哥一起跟随父亲去播种、秋收。所以，戴茂林虽然当时还不到 19 岁，但一般的农活儿都能干。再加上性格中的争强好胜、思想观念中的追求上进和强烈的户长意识，在工作中戴茂林一直是苦活儿、累活儿抢着干的。

3. "毁林种地"当选为先进

知青来到林场接受工人阶级的再教育是响应党中央和毛主席的号召，但由于所有制的限制，集体户的户员不能成为工人阶级的一员，仍然要以农业生产为主，这本身就是一种体制上的矛盾。更为严重的是，集体户要以农业生产为主却没有可以耕种的土地，这就是戴茂林所在的贮木场集体户来到大石河林场后面临的现实问题。

一个深山老林中的林场，主要任务就是采伐林场周围原始森林中的树木，把那些几百年来长成的大树用油锯割倒，然后经过打枝修剪用拖拉机运到山下，再通过小火车运到贮木场。来年春天，还要在那些采伐过的空地上种上新的树苗。因此，成片的森林不是不分大小一律采伐的，只有那些成材才可以砍伐。这样，采伐过的森林虽然不是原始森林了，但还是次生林，哪里有大片的空地可以用来耕种？

所以，贮木场集体户来到大石河林场后，虽然场方也想办法给集体户划拨了几小块儿土地用来种菜，但远远满足不了三十多人的生产需要。

虽然大石河林场并不负责上山集体户的经济收入，但集体户是局里派来的，集体户来了之后要有活儿可干，有地可种，这是当地林场应该负责的。然而，要负责解决集体户的生产用地但又没有土地，怎么办？

大石河林场党支部果断决定：将林场所属的位于小石河地区的16垧原始森林全部砍伐，砍伐的木材用于完成生产任务，砍伐后的土地给贮木场集体户用作农业生产用地。

今天的原始森林早已成了不可砍伐的宝贵资源，哪里有原始森林哪里就会成为吸引游客的重要条件。但在20世纪70年代的东北国有林业企业，每年冬季的采伐大会战，比的就是哪个林场砍的树多，拉下山的木材多。如果谁能超额完成上级下达的采伐指标，是会得到表扬的。但是，即使在那个鼓励采伐的年代，如果没有特殊情况，也不会允许不分大小树木，将16垧的林木砍个精光啊！那可是16垧的原始森林啊！更何况砍光这16垧原始森林的目的是什么？只是为了让这些上山知青在那里种萝卜土豆！

然而，那是"抓革命促生产"的年代，是以"阶级斗争为纲"的时期。虽然决策者心里应该明白砍掉16垧原始森林种上萝卜土豆并不合算，但要"算无产阶级的政治账，不能算资产阶级的经济账"。因此，林场党支部的决策并未遇到阻碍，热火朝天的小石河采伐会战于1975年冬天就打响了。

贮木场集体户的到来就是大石河林场决定砍伐小石河地区16垧原始森林的"特殊情况"，从这个角度而言，戴茂林作为集体户的户长也应该对这种大规模的毁林开荒负有一定的责任。但当时的他可没有任何犯罪感，反倒是对林场党支部的决策感到欢欣鼓舞，干劲儿倍增，即使听到了不同意见，也要坚决干。

1976年3月23日，他在日记中写道：

> 晚间到调度室，听到有人说：你们小石河开荒能种上大萝卜就不错了。当时我没有明白过味儿来，说哪能种那么多萝卜呢？那人又说：不种那么多又有什么办法呢？哦，我明白了，是说我们种不上地。当时我说：地我们一定要准时种上，还要达到蔬菜自给。那人说：行吗？那就看吧！
>
> 秋后算账！

实际上不需要秋后算账，在那个个人利益绝对服从组织利益的年代，组织上的决定就是命令。党支部决定在小石河伐木开荒，林场的职工一定会竭尽全力，集体户的成员更是会全力以赴，一切都会也果然都是顺利地进行着。

上山的头半年，本来是集体户最艰难的适应期。个人要适应由家庭生活到集体生活的转变，由一名上学读书的学生到一名干繁重的体力活儿的知青的转变。集体户也要适应由陌生的环境到融入林场的转变，实现由不知怎么干到争取把钱赚的转变。但也恰好是来的时间短暂，年轻人的创业激情还没有消失，将来如何发展还没有成为人们思考的主题。所以，集体户的头半年是比较顺利的。户里团结融洽，大家劳动劲头高涨，劳动之余女同学会采些山中的野花插到瓶里放到宿舍和餐厅，一些很有文艺细胞的同学在晚间还会奏起带来的二胡等乐器让大家放声歌唱。虽然白天的劳动很累，但到了饭后，户里就会充满欢乐的气息。尤其是入冬后，大家到山上"搞副业"挣了不少钱，年终结算时，一个工（干一天活儿计十个工分，为一个工）竟然分到了八角七分钱。

在那个一分钱等于今天一元钱的年代，八角七分钱就是八十七元钱，而且这是剔除吃喝后的纯收入，这在当年全局所有的集体户中都是最高的。

1976年2月4日，戴茂林写了一篇以《一代新人在成长》为题的日记：

那顶天立地的青松，是由幼苗一点点地成长的。看我们一代，在阳光的哺育下，向着青松在成长。半年来的锻炼，同志们都有了很大的进步，很多的青年提出加入党、团组织，阶级斗争、路线斗争觉悟都有很大提高，生产上更有很大收获，初步培养了拖拉机手、油锯手、木匠、瓦匠。看着那男女同学驾驶着拖拉机，抄起油锯，这朝气蓬勃的英姿，正体现了年轻一代风华正茂。

希望寄托在我们身上，我们决不辜负党的希望。

从这篇富有诗意的日记中看得出，半年来户里搞得不错。政治上很多青年提出加入党、团组织，生产上一些同学已经学会了驾驶拖拉机、操纵油锯，还培养了木匠、瓦匠，真让人感到了青年人的那种朝气蓬勃、风华正茂。作为户长，也确实值得高兴。

干出了成绩，自然会受到表扬。1976年2月10日，敦化林业局召开了"学大庆、学大寨经验交流会"，大石河林场的贮木场集体户被选为全局的先进单位之一，戴茂林代表集体户参加了大会，并在会上做了经验介绍。

在会议结束的2月15日，他写下了这篇日记：

局学大庆经验交流会胜利结束了。

几天来的会议，受到了教育，得到了提高，也明白了一些道理。

虽然会上我户也被评为先进单位，但与兄弟单位一比，我们做得太差了，也太不够了。组织给予荣誉，促进我们的工作，七六年对我们也是一个压力。停留在原有的水平，就是退步。以坚持斗争为纲，坚持党的基本路线，在组织的领导下，大干快变，拼命干吧！

在日记中认识到荣誉既是促进也是压力，这是清醒的。但要"以斗争为纲，大干快变"，这就是无法摆脱的时代局限了。

4. 加入中国共产党决心"扎根山区干革命"

1976年6月25日，戴茂林光荣地加入了中国共产党。

他在这天的日记中写道：

上午场党支部召开了通过新党员大会。我被光荣地通过加入党组织。

心情是激动的。回想我的战斗历程，是党把我由一个无知的孩子培养成为一名初步具有社会主义觉悟的、有文化的知识青年，成长为一名光荣的共青团员。成绩的取得，是党的培育、毛主席无产阶级革命路线的正确领导的结果，是归功于党、归功于毛主席的。我才为国家、为我们的事业做了多少工作！距离党员的标准，还是有很大距离的，要从思想上真正入党。组织没有批准，能灰心丧气吗？不能的，我入党并不是为了个人的名利，是为了解放全人类，实现共产主义呀!

无产阶级只有解放全人类,才能最后解放自己。

局组织科的领导下午找我谈话,在我的脑海留下了深刻印象。

领导说:"从现在起,在你的脑海里就更应该深刻地打上'阶级'这个烙印,要为无产阶级服务,入党不是为了做官,不是为了谋取个人利益。但我们共产党是执政党,革命的政权要靠我们来执掌,我们要执掌好无产阶级的权,要树立扎根山区干革命的思想,为人民服务一辈子。"

既然局组织科的领导已经指出了入党之后"要树立扎根山区干革命的思想",所以,经过反复地思考,戴茂林在8月1日这天的日记中记下了决心"扎根务农一辈子"的思考:

户里当前有一些人思想很复杂,随着现在有一批接班的人,又有人说还要招工,这些人便不安心户里的工作,只想着怎么离开林场,回到城市,去当工人。

从我们上山青年当前的状况来看,对于理想和前途很多人是认识不足的,不是想着与工农结合一辈子,而是结合一阵子,来镀金,理想是"当工人、升学、当兵"。而一些人则是"入党、当官",实质还是不愿与劳动人民结合一辈子。这些问题是当前知识青年上山下乡的本质问题,如不解决,怎么能做好各项工作呢?

世界观的改造不是立竿见影,而是要在长期的斗争中逐步解决的,是要在学习实践的结合中来完成的。回想自己上山一年来所走过的路程,世界观的改造,也是由错误的思想逐步地认清知识青年上山下乡的伟大意义的。

在校,即将毕业,走上上山道路时,那时自己想的是随着这个革命洪流走吧!干好了能入党当然是很不错,即使入不了党,过几年也可以升学,当兵,当工人嘛。实质上只是在个人的小圈圈里打转转,小知识分子的那种资产阶级世界观在我身上的具体体现。随着踏上了征途,在工人阶级的再教育下,世界观开始了转变,对于知识青年上山下乡的伟大意义,也开始有了一点较明确的认识,但还只是初步地感觉到知识青年扎根农村的重要。轰轰烈烈的"反击右倾翻案风"的伟大斗争，促进了我的学习，提高了我的思想觉悟，光荣地填写了入党志愿书。也正是从这时起，我逐步地产生了扎根务农一辈子的信念，并且也越来越坚定了。

虽然这些思考在今天看来有很多是空话、套话甚至是错话，但这些话是那个年代一名知识青年发自内心的真话。

当年知识青年要"扎根"务农一辈子，是与所谓的修正主义"拔根"思潮对着干的一种潮流，戴茂林只是其中的一员，而且在集体户中也有同路人。

他在8月4日的日记中写道：

上午下雨，装窑。下午雨大了，休息。

今天有车，又给家中寄去了一封信，与父亲重表了一下我的决心。

心情是高兴的。昨天晚间与我平时的一个好友、战友，讲了我的志愿，他也决心务农一辈子。我俩激动、热烈地说了好久、好久。

在金光大道上携手战斗吧！

日记中写到的这位好友叫王文学，也是户委会的成员。此人真可谓"人如其名"，极富文采，是那个年代中学生中少有的通晓中国历史和古诗文的好学生。而这位文学青年干起活儿来的最大特点就是拼命干、不会干，是典型的读书有门道干活儿没窍门。上山之前戴茂林与王文学并不相识，但来到一个集体户后成了志同道合的好朋友，这次又成了"扎根务农一辈子"的战友。

8月8日，两人向大石河林场党支部正式提出要"扎根山区干革命"，得到了"党组织的坚决支持"。

8月10日，他俩联名给局党委写的决心"扎根山区干革命"的信交到了林场党支部。

同一天，戴茂林在日记中写下了给局党委写信的原因：

我俩向局党委写了信，交到了党支部。

问题写得很尖锐。

听到了有人说:"到时不怕有人讲你们是为了个人的名利吗?"

这个问题提得好,是应该认真总结一下思想深处有没有想到个人利益。

为什么想到向党委写信呢?这种想法已是很长时间了。起因是户里的问题越来越多,户员的思想越来越复杂,那时我整天想的是怎么能把集体户办好呢?经过学习我总结到了,要想解决问题,必须解决根本才能把集体户办好。什么是集体户的本质东西呢?就是使同志们树立正确的世界观,解决好年轻人所关心的理想前途问题。抓住了这个主要矛盾,其他问题就迎刃而解了。这样我想到了自己,我这个带头人怎么想的这些问题呢?虽然一个时期以来我逐步地对什么是理想、前途,什么叫幸福有了认识,但是不全面的,对知识青年上山下乡的伟大还是认识不足的。以后我就努力学习,认真实践,扎根务农一辈子的思想便一点点地形成了。随之而来的,我也发现了一些迫切需要研究、解决的问题。这些问题是关系到我们走什么样的道路、成为谁的接班人的大问题,个人的利益怎么能同国家的命运相提并论呢?

誓为共产主义事业奋斗终身的革命青年,当他决心同私有观念彻底决裂的时候,还有什么理由想到个人利益呢?

戴茂林同当年绝大多数提出"扎根务农一辈子"的知青一样,是抱着"同私有观念彻底决裂"的决心走上这条"扎根"路的。但他们中的绝大多数还不可能想到,当上山下乡运动本身即将被实践否定的时候,选择的这条"扎根"路,实际上是一条"无根"路。

5. 难以自拔的反思

1976年8月30日,大石河林场党支部隆重召开了"欢迎知识青年扎根山区干革命"大会,全场的职工、家属、知青以及高年级的学生都参加了大会。党支部还当场向提出"扎根"的三人赠送了纪念品:每人一把锄头和一套四卷本的《列宁选集》。

之所以是"三人",是因为户里的女户长,也加入了"扎根"的行列。

然而,即使有三人决心"扎根",而且还有一些户友对他们的行动表示赞赏,但这种行为与归城心切的很多户友还是不可避免地发生了矛盾。虽然人们不能公开表示反感,但同吃、同住、同劳动的知青战友们已经出现了心理隔阂。

更让他们无法想到的是,随着毛主席的逝世,中国社会的大变革即将来临,知识青年上山下乡运动也将走入尽头。

1976年9月9日毛主席的逝世带来的震惊和得知揪出"四人帮"后的惊讶,戴茂林在日记中都有记述,对于为什么要"扎根"和如何"扎根",也开始了痛苦的自我反思。

11月23日、24日,应该是从23日的晚间写到了24日的凌晨,戴茂林写出了当年最长的一篇日记,记述了自己的思索和苦闷。日记中写道:

该是认真总结一下自己的时候了。

从我提出扎根山区到现在已四个月左右,这期间发生了多大变化呀。敬爱的伟大领袖和导师毛主席和我们永别了,继"批邓、反击右倾翻案风"后又出现了"四人帮"反党集团,革命和生产都受到了一些损失,我们的国家处在一个重要的历史时期。在华主席为首的党中央领导下,目前正在批判"四人帮",肃清流毒,出现一个新气象。

通过揭发、批判的深入,"四人帮"的流毒正在一点点地肃清,有很多的问题在他们的干扰、破坏下,是形左、实右的,如"社来社去",目前已讲是形而上学。从我们要求扎根山区"过左不过左"呢?那就回顾一下当时的思想认识吧!(翻看日记)

树立扎根山区的背景正是"批邓、反击右倾翻案风"的激烈关头,那时的提法是"与邓小平对着干",现在认识到当时"四人帮"反党集团对"批邓、反击右倾翻案风"这场运动的干扰、破坏还是很大的。在这场运动中,正确地认识了社会主义革命的性质、任务、对象、前途,这是一个不小的收获。由于思想觉悟有了提高,对"理想、前途"的理解和认识树立的是正确的。决心踏踏实实地为人民服务,到最艰苦的地方干一辈子革命。扎根山区一辈子,很主要的一个因素，也是与户里及很大一部分青年的那种追求个人利益的思想"对着干"了。还有一个很重要的原因，是在外界的影响下，与邓小平的"拔根"路线"对着干"。因为当时在全国各地轰轰烈烈地掀起了"扎根"热潮，是很向往他们的生活的。

这样看来，扎根思想的树立是在两个原因加上内因的变化产生的。所以说，树立扎根山区思想的主观愿望还是正确的。

毛主席在《整顿党的作风》这篇著作中教导我们要"有的放矢"不要"无的放矢"。我们有没有结合具体的客观实际来认识这个问题呢？结合我们上山的具体特点认识了，但没有认真、全面、细致地分析，只是粗枝大叶地认识了一下。那时认为，"目前我局上山的条件不适合扎根，但条件不允许，我们认为对，就偏要扎"。结果是没有靶子放了箭，怎么会有好结果呢？所以说，理论要与实践相联系，具体的事情要具体分析、对待。既然我们是上山青年，就要按照上山的道路走。（糊涂了）（"上山没有扎根的条件就不扎根"？）

接下来的日记还有很大的篇幅，讲为什么要扎根和扎根要有什么条件。基本的思考结论，是认为："扎根还是对的，但上山不适合扎根。"

从思考中可以看出，随着"四人帮"的垮台和形势的剧变，戴茂林已经开始反思扎根山区"过左不过左"了。但此时国家正处于徘徊时期，"无产阶级专政条件下继续革命理论"还没有被抛弃，他还无法跳出"左"倾观念的束缚，思考倾向还是为"扎根"寻找支撑依据。所以，思前想后，得出的结论仍然是："扎根对，但上山不适合扎根。"

既然"扎根"是对的，上山又不适合"扎根"，那就下乡吧！

1977年1月23日，戴茂林在向党支部写的思想汇报中，正式提出了"下乡"的要求。

从1976年11月23日的日记中提出"该是认真总结一下自己的时候了"，到1977年1月23日正式提出要"下乡"，正好是两个月的时间。

看来，这两个月的反思虽然是认真的，但结果仍然是令人遗憾的，由此也可见思想解放的艰难。

不过，社会终究在变化，人们的观念必然要发生一些改变。他这次申请下乡并没有得到各方的支持，组织上明确表态不同意。

戴茂林2月18日的日记很短，写道：

16日跟党支部书记谈了自己的想法，准备下乡，书记不同意："哪儿还不都是革命工作。"

怎么办呢，我是一名党员，应该服从组织决定，可我是想到艰苦的地方去啊？怎么办？？？？？？？？？？？？

这12个问号可能是无意间点上去的，但很典型地反映了他当时由于难以自拔的思索而陷入的苦闷、无奈。

6. 深山中一个人的春节

1977年2月16日，是农历十二月二十九，戴茂林写下了这篇日记：

昨天同学们都回家了，我一人留下来在户里烧炕、喂猪。
昨天一个人度过了一晚间，可倒也没什么。
这次春节留人还是经历了一些思想斗争的。春节放假，户里还需要留人，谁都明白"新春佳节倍思亲"，都想同家人一起欢乐地过年。户里还是有几名同学思想觉悟很高的，主动要求留下来。但我是一个户长，共产党员，这点困难能让给别人吗？再说这也算不了什么。

贮木场集体户来到大石河林场已经一年半了，这已经是上山后的第二个春节了，但是第一次需要有人留守户里。因为1976年春节时集体户还在职工宿舍改建的临时宿舍住，那时户里也没有养猪，所以过春节时大家就都回家了。但到这个春节时，集体户已经有了自己的新房，而且户里养了五六头猪，必须有人留在户里烧炕、喂猪。

日记中说到的"户里有几名同学主动要求留下来",是确有其事的。因为户里继他和女户长入党后,又发展了一男一女两名党员,而且那些不是党员的户友也都是善良、纯洁、上进的好知青。虽然一些人对他非要"扎根山区干革命"不理解,但大家对几名户委会成员吃苦在前、享受在后的工作作风还是普遍认可的,户里的各项工作绝大多数人也都是尽力支持的。

未在当年的林场生活过的人很难想到,当年的林场可不同于如今已经成为旅游点的林区。那时的林场是在深山老林之中为采伐那些原始森林而建的,一个林场只有百十户人家。到了春节,职工放假,尤其是进入夜晚,喧嚣归于沉寂,只听林涛呼啸刺耳,一个人守在一栋房子里,还是很考验人的意志的。

戴茂林虽然在头一天的日记中说"这也算不了什么",但真到了大年三十,一个20岁的年轻人独自在深山里的集体户守护,思乡之情也是免不了的。

大年三十晚上10点,他写下了这篇日记:

这是头一回一人在外过年了。

是缺乏意思,孤单。

这时家里正是热闹非凡的欢乐吧!

10点多了,父亲可能喝酒要睡觉。

哥哥、嫂子一定和姐姐、弟弟们打扑克呢。

小弟拎个灯笼放炮去了。

户里的同学们也都在与家人、朋友们欢快啊。

我也是幸福的。

能够让别人幸福的人确实也是幸福的。

户里放假到初三,初四大家就要回户了。为了让大家下车回来就能吃上饺子,戴茂林初三一天准备了猪肉酸菜饺子馅儿,初四一大早就和面擀皮包饺子。等到大家下午3点左右回到集体户时,二十几人的饺子已经包好,大锅中煮饺子的水也已经沸腾,集体户晚间的饺子宴如期开吃了。

四、十个月的军旅经历锻炼了身体、磨炼了意志

两年半的知青生活虽然充满了酸甜苦辣,但个人的命运终归要随着时代的变迁而发生改变。

进入1977年,随着"文革"的结束,戴茂林的人生出现了意想不到的变化。

他先是参加了1977年高考,然后又在高考成绩尚未公布之前成了一名中国人民解放军武装森林警察部队(简称"森警"部队)战士,但穿上军装后竟然通过了高考录取线。

在只能选择继续当兵并被评为"中队标兵"之后,戴茂林并未放弃上大学的理想,终于在1978年成为一名大学生。

1.1977年高考过关却穿上了军装

1977年高考,是新中国历史上唯一的一次冬季高考。

说起这次特殊高考,应当从邓小平的再次出山讲起。

1977年7月17日,中共十届三中全会一致通过《关于恢复邓小平职务的决议》,决定恢复邓小平中共中央委员,中共中央政治局委员、常委,中央副主席,中央军委副主席,国务院副总理,中国人民解放军总参谋长的职务。

邓小平复出后主动提出:

协助华国锋主席、叶剑英副主席管教育、管科学。①

邓小平之所以主动提出管教育、科学，是因为教育、科学在十年动乱期间是重灾区，也是当时要下大力气拨乱反正的重要领域。

在教育领域拨乱反正的重要任务，就是尽快恢复高考。因此，邓小平在主持8月4日至8日召开的科学和教育工作座谈会上，听到与会者建议尽快改变用推荐的办法招生时明确指出：

既然今年还有时间，那就坚决改嘛！

高等院校今年就要下决心恢复从高中毕业生中直接招考学生，不要再搞群众推荐。②

于是，原定1978年开始的高考改革提前，关闭了11年的高考闸门终于再次开启。

1977年冬，500多万从十五六岁到三十六岁的应考者涌进考场，戴茂林是其中的一员。

由于来不及全国统一，1977年高考是由各省、自治区、直辖市各自命题，高考的时间也是由各省、自治区、直辖市自行决定，但基本上都是在11月末和12月初进行的。

因此，从宣布恢复高考到正式开考，也就一个多月的时间。而这个时间对于在不同岗位上工作的考生而言，差别又是很大的。

戴茂林和集体户的另外三名户友参加了这次在冬天举行的高考，但他们都是在规定的考试时间快到时才提前三四天从山上下来应试的。所谓的复习也只

---

① 中共中央文献研究室编：《邓小平年谱（一九七五——一九九七）》（上），中央文献出版社2004年版，第164页。
② 中共中央文献研究室编：《邓小平年谱（一九七五——一九九七）》（上），中央文献出版社2004年版，第176、179页。

是从家里找来了几本课本，利用劳动之余翻翻看看。因此，他和户友们对于考上大学确实没抱多大希望，考完之后立刻回到户里照常生活劳动。

然而，平静的生活在几天后再次被打破。就在参加完高考后的一周左右，"森警"部队来敦化林业局招兵，其中的一个名额给了大石河林场，林场党支部又把这个名额给了戴茂林。

至今为止他也不清楚，自己能够应征入伍，是局里把这个名额给了林场后林场党支部的决定？还是因为自己是局里知青的典型局里才把这个名额给了林场？

不管什么原因，能够穿上军装，成为一名解放军战士，肯定是十分高兴的。1977年12月30日接到入伍通知后，戴茂林于1978年1月1日就离开了集体户，1月6日来到部队，成了一名"森警"部队的新兵。

"森警"部队虽然属于中国人民解放军序列，但定位是警察，而且是森林警察，主要任务是守护森林，尤其是要预防扑救森林火灾。因此，"森警"部队只设在有林区的省份，基本上是一个省设一个总队，一个市(州)设一个支队，一个县设一个中队。戴茂林加入的就是"森警"部队吉林总队延边支队敦化中队，中队队部就在敦化县城内。所以，虽然是应征入伍，但部队驻地与家相距只有几里路，有空闲时还可以回家看看。

离开了深山老林中的集体户，穿上了衣食无忧的绿军装，没有了户长的操心和烦恼，全新的生活已经开始。

然而，真是命运的捉弄，来到军营不到十天，高考成绩就下来了，戴茂林竟然通过了录取线，需要马上体检、政审。

戴茂林是在敦化林业局参加的高考，体检由敦化林业局组织，但政审必须由考生所在单位也即"森警"部队吉林总队延边支队敦化中队安排。在征兵面试时，来征兵的部队领导曾明确问他："你是否参加了高考？"他如实回答："参加了。"部队领导又问："考得如何？能不能考上？"按当时的征兵要求，如果去上学是不能入伍的。他一方面是对自己能否考上确实没有信心，另一方面也是很想当兵入伍，所以就很明确地回答说："考得不好，肯定不能考上。"

入伍前部队已经明确告知上学和当兵只能二者选一，戴茂林也明确告知自己肯定考不上，如果此时又告知考上了需要部队给予政审，部队能同意吗？

后果很可能是不但不给政审，还要把这名新兵退回！

怎么办？

如果单纯就当兵和上学做个选择，戴茂林肯定是会选择上大学的。1977年刚刚恢复高考就有570多万人参加考试，说明重新求学已经成为青年人的首选。更何况570多万考生最后被录取的不到30万人，这样的机会怎能错过？但现实并不是简单的选择题，你已经告诉组织不能考上，现在又说考上了，这是不是撒谎？如果部队不给你政审而且又把你退回，岂不是兵当不上学也上不成？

这是一道没有选择的选择题，理性的选择只能是放弃上学，继续当兵。然而，戴茂林当时的选择是非理性的。

首先，在没有告知部队的情况下，他偷偷跑到敦化林业局医院，参加了入学体检。然后，又告知在敦化林业局中学当老师的姐姐，让姐姐去负责招生的敦化林业局教育科请他们派人去敦化中队通知部队给他政审。但姐姐并没有像他一样鲁莽行事而是与父亲进行了深入探讨，父亲最后作出决定：放弃政审，好好当兵。

2. 半年总结时被评为"中队标兵"

由立志"扎根山区干革命"的一名知青，到扛起枪穿上绿军装的"森警"部队战士，人生的新篇章已经开始了。

1978年1月14日，戴茂林在日记中豪情满怀地写下这首诗：

新兵

乘东风跨入征程

党召唤当一新兵

阔空万里鹏展翅

理想绘入绿库中

莽莽森林壮心雄

>　　祖国哨兵打中锋
>
>　　牢记三大任务重
>
>　　新兵苦练硬本领

　　由这首诗可见，人生命运的变迁确实离不开社会大环境的改变。如果没有改革开放的"东风"，怎能"跨入征程"？但是，社会环境的变化虽然为个人的发展提供了有利因素，但能否抓住机遇，乘势而上，又取决于个人的努力。

　　按照部队的惯例，新兵入伍后首先要集中到一起搞三个月的新兵集训，然后再分到各个连队，成为班里的一员，但"森警"部队在林区的特殊使命使其带有明显的林区特点。戴茂林于1977年1月6日到敦化中队报到后，1月16日到珲春境内砍小杆子，1月27日由珲春返回敦化中队；2月1日去敦化林业局大沟林场打绊子，2月25日返回敦化中队，2月28日才开始正式训练。

　　也就是说，来到部队后，先是集中干了一个多月的活儿，然后再开始三个月的新兵集训。

　　当然，砍小杆子、打绊子这些林区工作倒不是什么多大的难题，戴茂林此时想的更多的是：怎样当个好兵，如何坚持学习。

　　3月22日，戴茂林在日记中写道：

晚集体组织学习了一篇文章，有体会：

"为谁当兵？为谁服务？"

　　这个问题提得好，很发人深省。答案好讲：为人民当兵，为人民服务。真正做到，却是要落实到平凡的实际工作当中。

　　具体如何对待呢？为人民当兵，党分配我干什么，让我到哪里我就到哪里，就干好什么。任何时候，都把自己的一切，无私地贡献到为人民服务之中去。

　　3月26日，戴茂林在日记中开始总结在集体户时的教训，写道：

在集体户的最大教训是理论上受"四害"干扰，认识不清，行动摔了跟头。

那么，好啊，我就要在这里搞个明白。

现在我是一个森林警察。党把我培育成人，就应该无私地全部献给人民。长时间来思想混乱，现在认为：

一、起到一个共产党员的作用。

二、组织分配到哪里，让我干什么，就坚决服从必须干好。

①目前训练，要担负好副班长的职责，并认真地、好成绩地完成训练任务。

②今后（训练完）分配，个人不抱想法，一切听从党的决定。

三、学习，在不影响训练的情况下。

①学习目的：掌握毛泽东思想基本体系，掌握马列主义基本观点，掌握哲学、政治经济学、历史及常识知识。

②学习内容：毛主席著作一至五卷，马列重点著作，哲学、政治经济学及其他书籍。

③安排：每天保证一小时（正常情况下），主要利用晚间8点—9点半。

新兵集训被称为是对"新兵蛋子"的下马威，不仅时间安排紧密，运动量也很大。但戴茂林来到部队后由于没有了在集体户时当户长的压力，伙食又比集体户时好很多，所以体力上的考验不是问题。因此，三个月的新兵集训，各项成绩基本上都排在前列。

由于他是中队新兵中的唯一一名党员，所以在集训期间就当上了副班长。集训结束后分到班里，仍然是副班长，甚至还出现过要求入党的排长跟他这个新兵汇报思想状况的情况。

努力就会有收获。在中队半年总结时，戴茂林被评为敦化中队中唯一的"中队标兵"。

3. 利用业余时间复习考入大学

虽然由一名知青到一名战士"跨入了新征程"，而且在新征程上也很努力，被评为"中队标兵"，但自参加了1977年高考却未能跨入大学校门后，成为一名大学生就成了戴茂林的努力方向。所以，虽然在部队的工作生活十分紧张，但他给自己规定了繁重的自学任务。

4月2日的日记中写道：

一周又度过了。在这一周里我坚持了6天晚间学习到9点半，看来是完全可以坚持学习下去的。

目前对学习的钉子精神，钻劲儿、挤劲儿有了一点体会。

钉子精神有个前提，那就是要真心地热爱学习。认识到了学习的重要性，树立了为革命而学的思想，有了这个前提，时间就一点点地找出来了。像走道儿可以想问题，早起整理内务时可以坐在行李上看一会儿，早6点半到7点的时间可以边做好事，如扫院子，边听广播，这时正是联播节目。这是零时间，只是目前认识到的，还有，只是没掌握。大时间是中午、晚上。中午11点半开饭，12点以后可以学一个小时，到1点，但这一个小时还应练习射击、队列等军事课。晚上的时间是充沛的，抓紧可以利用很多。即使队里有安排，熄灯后8点半到9点半，还可以自学一个小时，这是最好的一个小时。这样算起来，加一加，就是这目前紧张的集训期间，还可以有两个小时以上的学习时间，如果坚持下去，积累起来，是很可以学习好多东西的。

当时是在"紧张的集训期间"，但每天竟然能挤出"两个小时以上的学习时间"，这些宝贵的时间是如何挤出来的呢？

答案是："零时间"加"大时间"。

"零时间"："走道儿可以想问题，早起整理内务时可以坐在行李上看一会儿，早6点半到7点的时间可以边做好事，边听广播，这时正是联播节目。"

"大时间"："中午11点半开饭，12点以后可以学一个小时。""（晚上）即使队里有安排，熄灯后8点半到9点半还可以自学一小时。"

这是一份特殊年代特殊岗位上的业余时间学习安排，也是那个年代的年轻人如何"挤"时间考大学的一份原始记录。

这份原始记录可以再次印证一个普通的道理：成功在于努力。

当然，个人的成功需要组织上的支持。1978 年 6 月，戴茂林向部队申请参加 1978 年高考，并得到了部队的批准。但中队负责人也告知：按照规定，只能利用业余时间复习，工作一切照常。

1978 年高考是恢复高考后的第一次全国统考，时间是 7 月 20 日至 22 日。

参加完高考 3 天后，戴茂林于 26 日写下了这篇日记：

转眼飞逝，日记已是三个月没记了。

此时间做了些什么？是急于学习也。准备升学，业余时间是紧张的。虽没记日记，记笔记较多，也是有益的，但不应原谅。

想求学，辛苦也必然。早起晚睡，以成习惯。但准备是仓促的，只是利用了业余时间。故在 20—22 日的赴考中，大败而归。

回来后，心情较乱。本来我立志于学习，不管是到新岗位，做何工作，都要发奋学习。自然如能升学，是学习的最好时机了。但只此一考，太不理想了。照去年相对不足，而别人都是照往年有较大进步的。为什么呢？不是题照去年难了，而是人家的水平提高了，我却无提高。相比之下，落后了。特别地理、数学、语文考得不好。虽没下最后判决，但今年没希望，是定了。这也证明我照大学的水平差距甚大。

今后怎么办呢？再三思索，感到今后考不考学暂时不想它（大致是不能去考了），学习却是无论何时都要学的。并且，语文、政治、史地都要学，偏重于政治、语文。工作前一段虽注意，但复习终还是要承认，有些影响的。今后要努力工作，向先进同志学习，又红又专。为革命拼命工作，这也是何时无疑的。我的一切都要无私地贡献给党。

学习的知识为己有，却要贡献于革命。

不过，虽然在高考后戴茂林认为自己今年没希望了，但变化永远都是绝对的。10 月 9 日，他突然接到了延边大学的录取通知书，而且 10 天后就要去学校报到。

4."世上无难事,只要肯登攀"

10月12日,戴茂林在日记中对自己的战士经历进行了简单总结,对即将开始的学习生活进行了乐观展望:

> 森林警察队的生活已告结束了。
> 警察队是一个半军事化的武装集团,近一年来的生活如何?
> 进步不大,只是随着大流一般干了。
> 但半年总结却评为标兵,为什么?
> 要实事求是。
> 快要入学学习了,更要虚心,认真,努力。
> 很多人讲延大不好,出来是老师,我不认为,也满足了。
> 因咱水平有限,只能分配到这儿,当老师,也可以嘛。
> 上学是学习,不是压马路。
> 事在人为。
> 世上无难事,只要肯登攀。

认为自己在"森警"部队这大半年"只是随着大流一般干了",这属于自我谦虚,能够成为"中队标兵"本身就是"奋力争先"的结果。但能够评为"中队标兵"也确实如同他自己在日记中所言,"要实事求是"地看待。

十个月的军旅生活,表现再好也仅是一名新兵的表现。所以,所谓的"标兵",也主要是新兵中的"标兵"。如果说这十个月的当兵经历对戴茂林后来的人生影响最大的,恐怕还是严格的军营训练养成的自律的生活习惯。戴茂林至今在晚间上床睡觉时都会把鞋子整齐地摆在床前,不管何时起床都可以不用开灯就能把脚自然地插入鞋中,这就是在"森警"部队时按照部队的严格要求养成的生活习惯。

当然,从对后来的研学之路总结的话,十个月的军旅生活锻炼了身体,磨炼了意志,坚定了"世上无难事,只要肯登攀"的信心,是更为重要的。

五、不用扬鞭自奋蹄的大学四年

知青经历是计入工龄的,所以,戴茂林是先工作,后当兵,再入学。

不能由中学直升大学是那代人的无奈,这种时代的局限也使他上大学时已经是快 22 岁的年龄。但失去过时光也会使人更加珍惜得到的时光,有过社会阅历也会促使人们更深入地思考社会。

戴茂林的四年大学生活是在抓紧看书学习和逐步深入地思考中度过的,这其中有收获、有失败,也积累了未来。

1. 入学后的两份时间安排表

1978 年 10 月 20 日,戴茂林来到位于延吉市的延边大学报到,成为延边大学 78 级政治系的一名学生。

78 级政治系共有 54 人。其中:朝鲜族 35 人,汉族 19 人;男生 45 人,女生 9 人;男生中朝鲜族 29 人,汉族 16 人;女生中朝鲜族 6 人,汉族 3 人;同学中年龄最大的出生于 1946 年,最小的出生于 1960 年。1957 年出生的戴茂林在班里属于中间偏小的年龄。

延边大学始建于 1949 年,是中国共产党比较早的在少数民族地区建立的高校。延边大学现在是国家"211 工程"重点建设大学,但当年只是一所省属普通高校。然而,这所高校也有不普通之处,其不普通之处在于学生中朝鲜族占多数，教师中更是朝鲜族占绝大多数。但学校是用汉语授课，开设的外语课中也不是以英语为主，而是以日语为主。所以，上大学后，戴茂林外语学的是日语。

关于恢复高考后 77 级、78 级大学生如饥似渴地学习的材料有很多，戴茂林 1978 年 10 月 26 日的日记中就有自己制定的一份日程表：

5：25—5：35 起床、跑步

5：35—5：45 早操

5：45—6：00 洗漱

6：00—6：30 自学

6：30—7：00 早饭

7：00—7：20 休息

7：20—11：20 上课

11：20—12：00 午饭

12：00—12：50 休息

12：50—16：50 上课

16：50—17：00 晚饭

17：00—18：00 文体

18：00—21：00 自学

21：00—5：25 睡觉

把一天的时间分成 14 个时间段，可行吗？

戴茂林是 10 月 20 日星期五来延边大学报到的，23 日星期一正式开学。也就是说，定下这个计划时才入学 4 天。计划是否符合实际，本人是否能够实行这个计划，确实还都需要时间检验。

果然，半年后，在 1979 年 5 月 15 日的日记中，他写下了这样一份时间安排表：

早5：00—6：00 读、背

下午：复习上午课，2：00—6：00

晚：机动，7：00—10：00

中午：看课外书，12：00—12：30

午睡：12：30—2：00

早5：00—晚10：00=15小时

学习时间：早：1小时；上午：4小时；中午：半小时；下午：3小时；晚：2.5小时。计：11个小时

睡：中午：1个半小时；晚：10：30—5：00=6小时30分。计：8小时

饭、休：24-11-8=5小时

这份时间表虽然看起来有点乱，但实际上是比较严密地把一天的时间分成了学习、睡觉、吃饭和休息四个时间段，并按这四个时间段把24小时分成了学习11个小时、睡觉8个小时、吃饭和休息5个小时。

这份计划看起来还是比较合理的，但在大学四年期间是否能按这个计划学习和生活呢？

实际上，是否每天都能执行这份计划并不是最重要的。重要的是从这两份时间安排表中，能够看到这份难能可贵的自律精神。

当然，这种近似于苛刻的自我要求和那种如饥似渴的求知欲望，在77级和78级大学生中是比较普遍的。

2. 不断思考人生意义的大学生活

大学生活被人们概括为日复一日的"三点一线"：宿舍、食堂、教室。但戴茂林每天的生活实际上是"四点一线"，除宿舍、食堂、教室这三点外，还每天早上到操场跑步。

因为从入学组建班委会开始一直到大学毕业，他都是78级政治系班委会的体育委员。因此，除极特殊情况外，他每天都是从早上5点钟跑步开始一天

的学习生活。

但文体活动只是大学生活的插曲，上课、看书是永远不变的主题。尤其对于这些有过工作经历的学生而言，除了课堂学习，自学、思考也是大学生活中十分重要的内容。

1980年5月，《中国青年》杂志发表了一封署名潘晓的来信，题目是《人生的路呵，怎么越走越窄……》。这封信吐露的彷徨、苦闷、迷惘和怀疑，引起了刚刚经历"文革"的青年人的共鸣，短短数月，竟然引发6万封来信，在全社会掀起了一场关于人生意义的大讨论。

戴茂林虽然没有公开参与这场讨论，但他写下了几篇相关日记，记述了在此时关于人生意义的思考。

1980年5月31日，他在日记中写道：

《中国青年报》5期登了潘晓的一篇文章：《人生的道路为什么越走越窄》，加了编者评论《人生的意义究竟是什么？》。

潘文实事求是，但方法上有片面性，不去评论。

人生的意义究竟是什么？这个问题应该每个人自己来回答，我是在为什么而生活？学习？工作？

我从进入学门那天起，逐渐就形成了要学习好的思想。为什么要学习好？环境与说教使我认为，伟大的人物、英雄、科学家们都学习好，那时还没有成为这种了不起的人的思想，但学习好也可以受到老师的表扬、同学尊敬，考试打100分就是一种光荣，实际上，这实为一种荣誉感。

随着岁月的增长，形成了一种成名的思想，但还只是一种萌芽，就被"文革"的冲击所粉碎。中学时代，在"左"倾的影响下，为共产主义的愿望逐渐形成。

踏入社会，该是实践我的理想的时候了，为了共产主义大目标，为消灭三大差别，我是可以献出一切的。但事实也使我逐渐明白了，人们并不都是那么纯洁的，原先听到人们议论社会的弊病，我不愿去相信，现在我开始认识到，人们还不可能是无私的。就我自己想一下，自以为毫无私心地为共产主义奋斗的时候，不也照样未摆脱私人感情和想到自己吗？

但真正的清醒是在"四人帮"垮台后，崇拜的偶像原来是披着人皮的狼，我的言行原来成为他们的社会基础，多么可怕的现实啊，我茫然了。

一种爱面子的本能使我难以昂首于众人之中，巨大的打击令我几次想躲进深山里了此一生，总的感觉，是我上当了。

事实迫使我开始探索这一切是为什么了，那么我究竟哪里错了呢？主观上是好的，极左思潮培养的世界观却是可笑的，又是纯洁的（别人无法理解），但事实上却违背潮流，与客观现实有着巨大的鸿沟，这也就证明：脱离现实的极左是错误的。

在批判"四人帮"的路线，用现实的眼光看待周围的一切时，原来人都不是一心为公的先锋战士，大家首先想到的是我及我家庭的生活，而绝不是全世界一片红的共产主义。这在我思想上蒙上了一层阴影，这样怎么能实现共产主义？

带着这些疑问，迈入大学的校门，我开始形成了关于这些问题的观点：

绝对地看问题是形而上学的，它是不符合客观规律的，从而也就是错误的。只有辩证唯物主义的观点分析事物才是正确的。为公与为私，本是人生活在社会中的二重属性，是对立统一的整体，是不可绝然区分的。从人体来说，既是个人的，又是社会的，没有社会，不存在个人，没有一个个个人，也无从谈起社会，这是个性与共性关系，共性存在于个性之中，个性之中包含着共性。从支配人体的观念、精神的角度讲，一个人的生活是为公还是为私？同样是不可区分的对立统一体，为公也包含着为私，为私也寓于着为公。如果绝对地区分为公还是为私，是不存在的。例如说，我要想当科学家，这里即包含着为公为私二种因素。从为私讲：要成名，获得荣誉；为公说，这也是为人类作出了我最大贡献。要想作出我的最大贡献，就得成名，只有成名，才能达到这个目的，二者都既是目的，又是手段。

潘晓所讲的，人们都只是主观为自己，客观为别人，像太阳发光一样，这是形而上学的，这不是主观与客观的问题，而是都是主观又都是客观的问题。

这不等同于"为公就是为私，为私就是为公"，而是既是为公，又是为私。

……

那么,我活着的目的是什么?我想成名,生活得好一些,也想着国家富强,能为"四化"多贡献力量。

人生的意义究竟是什么?正确处理好公与私的关系。

这篇日记与其说是参与这场关于人生意义的讨论,莫如说是戴茂林对自己关于人生意义认识的回顾与总结。但这也只是在这个时期关于这个问题的认识,也可以看作近两年大学学习的一份答卷吧。

1980年12月18日,戴茂林在日记中写下了他对人生目的的认识:

人的生活要有目的,要有一种信仰、信念作为生活的中枢,调整着生活之路,也即是要有一种世界观成为你分析问题、解决问题的基础。这种世界观并非每个人都能创造出自己的体系,可以是前人的经验、体系被我们拿来、运用,但在每个人的身上都有各自的特点,信仰了辩证唯物主义世界观的人也只是具备了马克思主义世界观的基础,对于问题的见解仍然具有个人的特点。

我的人生的目的,在于尽力为社会做点工作,这是一种理想和现实的统一。为社会工作,这是理想也是目的,实现这种理想、目的的手段,是利用客观环境,这种社会条件和家庭条件。这种条件是变的,在人的努力下是在不断变化的。由学生、知青到战士、大学生,变不是固定、僵死的框框,但是,人只能在这个条件中努力,在条件的范围中改变条件,并不是在条件之外来创造条件。就好像孙悟空被装进了一个妖瓶之中,孙悟空长,妖瓶就长,孙悟空长了十米,迫使妖瓶增大了十米,虽然孙悟空最后打破了这个妖瓶,但他也有限制。人也同样,人是生活在自然中的生物,这本身就决定了人没有绝对的自由,总有一定的限制。

人不能跳出条件,但可以打破一个个的条件,只是打破此,进入彼中,也就是发展。

从这篇日记中能看出，经过两年多的大学学习，知青时期那个脱离实际的理想主义者已经越来越强调客观条件的重要了，但"尽力为社会做点工作"的人生理想还是未变的。

3. 虽然考研失败但打下了哲学基础

四年的大学生活如果从整体而言是很长的，但对于身在其中的大学生而言，一个学期结束另一个学期开始，日子过得还是很快的。

1981年10月30日，戴茂林写了一首念奴娇，感慨求学已3年：

> 三秋易逝，
> 　可曾记，
> 　　校门外的狂意？
> 仅剩一春，
> 　君欲将，
> 　　再留怎样足迹？
> 弃戎从笔，
> 　教师求学，
> 　　南窗报国地。
> 书山漫漫，
> 　并非只勤为利。
>
> 师授友帮书问，
> 　静心修一业，
> 　　灵知稍长。
> 管窥一斑，
> 　三年间，
> 　　愧国亲人亦泣。

>奇才遍野，
>愚生露白发，
>拟早还家。
>人生前进，
>悲也愿英雄涕！
>（"英雄涕"，反陈亮意而用之！）

戴茂林所在的政治系不同于学科体系完善的哲学系、法学系、经济学系，是一个多学科汇集的专业，主课有中共党史、国际共产主义运动史、哲学、经济学。

这四门主课实际上是四个不同的学科，所以，如果想考研究生，就必须从中作出选择。

戴茂林是进入大学的第二年开始思考自己主攻方向的。从1980年7月6日的日记中可知，此时他倾向于选择主攻党史。他在日记中写道："以后的课程就不能总跟着课堂跑了""买书，要围绕党史为中心买，不要杂买"。但进入1981年，他又决定考伦理学专业的研究生了。他在1981年2月4日的日记中写道："课程当天学当天消化，余下时间安排学习伦理学。"

主攻方向的变化是与学校的课程安排和专业设置密切相关的。

78级政治系第一、二学期的主课是哲学、党史、近代史和日语；第三学期的主课还是四门：哲学、党史、世界史和日语；第四学期的主课是三门：国际共产主义运动史、政治经济学、日语；第五学期的主课也是三门：国际共产主义运动史、政治经济学、教育心理学；第六学期的主课是四门：教学法、政治经济学、哲学原著、法学。最后一年分专业，分为哲学和经济学两个专业，由学生自己选择。

从课程安排来看，前期，史学尤其是党史的分量较大，这时选择党史作为主攻方向就比较自然了。但最后一年的专业设置只有哲学和经济学，其中，哲学是从入学就开设的学科，分量一直比较大。所以，此时选择哲学中的伦理学作为考研方向也是有道理的。

但是,当时招收伦理学专业硕士研究生的学校很少,全国只有中国人民大学和华东师范大学两所学校。

1981年8月24日,戴茂林在日记中记述了自己的考研选择和为自己开列的复习书单:

8月22日返校,近日开学。

本学期课程:法学,还有四门选修课:经济学、哲学各两门,我选西方哲学和自然辩证法,所以本学期共三门课。

81年中国人民大学招收三名研究马克思主义伦理学研究生,外语是英、日、俄、法、德任选,专业课和基础课有:哲学原理(包括原著)、伦理学原理、中国哲学史、西方哲学史。指导教师为罗国杰教授。

华东师范大学招两名研究中国伦理思想史的研究生,外语是日、英任选,基础课和专业课:马克思主义哲学、中国哲学史、中国通史、欧洲哲学史。指导教师为周原冰教授。

我的方向现已明确:82年报考马克思主义伦理学专业研究生!课程:

公共课:日语、政治

基础和专业:哲学、伦理、中哲学史、西哲学史。

计划学习内容:

1. 日语:《日语读本》《广播讲座》《北大教材》《现代日语》《东京大学附属外国语学院教材》《东京》《中学生课外阅读》《卖火柴的小女孩》。

2. 政治:党史、国共史、经济学、哲学。

3. 哲学原理:艾思奇本、李达本、孙叔平本。"反杜"、"费论"、"唯批"、"自辩"、《实践论》、《矛盾论》、《哲学笔记》、《哲学研究》杂志。

4. 伦理学原理:厦门大学教材、人大教材(无!)。

5. 西方哲学史:(待学)

6. 中国哲学史:任继玉主编。

考试时间:估计82年3—5月。

学习安排：
……

方向明确了，学习书单也罗列出来了，学习计划也安排了。但是，要考中国人民大学的马克思主义伦理学专业研究生，竟然还没有该校的伦理学教材，这怎么能行？此外，西方哲学史的学习内容是空白，还要"待学"，这说明至今为止还没有学习过这门课程！

没有中国人民大学的伦理学教材，是必须想办法搞到的。1981年10月末，戴茂林抱着试试看的心理，给从未联系过的罗国杰老师写了一封信。

11月7日，罗国杰老师用钢笔给回了一封信。

戴茂林同志：

来信收到。原来内部发行的教科书，我们现在已经没有；这本书已由人民出版社公开发行，十月二十九日《人民日报》已经发了消息，各地新华书店，已开始预订。

另，明年，我们仍准备招研究生，可能将在今年十一月报名，明年二月考试，九月入学。有关报名、招生的确切消息，请等教育部的正式规定（将在报纸上公布）。

祝您在伦理学学习中取得成就。

问好

人民大学哲学系伦理学教研室

罗国杰
1981年11月7日

戴茂林此时只是延边大学的一名普通学生，而被称为"新中国伦理学事业奠基人"的罗国杰教授是全国著名的伦理学专家，知名专家如此认真地解答一名大学生的问题并以"您"相称，肯定是极大的鼓励。

11月中旬，戴茂林又就复习中的有关问题致信罗国杰老师，罗国杰老师于

12月4日又用毛笔给他写了一封回信。

戴茂林同志：

  明年我们仍拟招三名研究生，方向还是马克思主义伦理学，但我们希望有较好的中国哲学史方面的基础。考试科目仍旧。依据教育部规定，不指定范围和参考书，外语以英俄日为最好。

罗国杰
一九八一年十二月四日

  导师是联系上了，但考试还是要用实力说话。戴茂林虽然也在努力复习，但一方面是1982年的马克思主义伦理学专业硕士研究生全国也只有中国人民大学招收的3个名额，另一方面也是他的哲学基础还不够扎实，尤其是西方哲学史完全是靠有限时间内的自学。因此，1982年4月3日、4日、5日考完后，他的分数并没有达到录取标准。

  1982年6月，中国人民大学招生办公室寄来了戴茂林的考试成绩单：

  政治：60分；外语：77分；中国哲学史：60分；哲学原理：60分；伦理学：74分；西方哲学史：42分。

  虽然戴茂林的第一次考研以失败告终，但通过考研打下的哲学基础终身受用。后来，戴茂林选择了中共党史专业考研，并没有继续考哲学专业。但在中共党史研究的实践中他真正感受到，没有哲学思维的党史研究是不可能搞深悟透的。

4. 当选为全班唯一的"优秀毕业生"

  1982年5月22日，4年大学学习的最后一门课的考试结束了。从5月24日到7月3日，78级政治系进入最后的毕业论文写作时间。

写毕业论文的时间不长，要求也不高，戴茂林选择了伦理学的一个题目，比较轻松地完成了毕业论文的写作和答辩。

1982年7月31日，戴茂林写下了在延边大学的最后一篇日记：

今天召开毕业典礼大会，发了毕业证与学位证，表彰了三好学生、优秀团员、优秀毕业生。我被选为政治系优秀毕业生（每系一名）。

学习生活结束了！

被选为政治系唯一的优秀毕业生并不奇怪，因为当选优秀毕业生的条件，是必须连续四年都是三好学生，而78级政治系中连续四年都被评为三好学生的，只有戴茂林一人。

连续四年都被评为三好学生肯定是学习成绩不错，但戴茂林后来也承认，虽然在四年大学期间考试成绩不错，但班里一些社会阅历更丰富的同学并不在乎考试成绩，他们对问题的思考更深刻，阅读的书目更广泛，四年大学生活的收获也更大。

不过，戴茂林并没有想到，能当选为优秀毕业生不仅是一种荣誉，还能首先选择工作！因为按校方的规定，82届毕业生中的优秀毕业生，可以优先选择毕业去向，也就是可以首先在学校提供的工作岗位中进行选择。

戴茂林当时的理想选择是留校，在延边大学当一名大学老师。但78级政治系毕业生中并没有留校名额，因为早于他们半年毕业的77级政治系毕业生中已经留校了3名。提供给82届毕业生的大学教师岗位只有一个：延边医学院马列教研室。

因此，想当大学老师的戴茂林虽然有首先选择工作的权利，但实际上可供选择的大学教师岗位只有一个。所以，他走出校门后就成了延边医学院马列教研室的一名教师。

不过，当时在日记中写到的"学习生活结束了"只是这时的认识，后来又两次跨入校门学习是此时还没有想到的。

2017年10月27日，戴茂林作为延边大学演讲团（沈阳代表团）的成员，第一次站在母校的讲台上,向同学们作了题为《感谢母校让我养成了热爱读书的好习惯》的演讲。

他在演讲中说:

四年的大学生活收获很多,但让我终身受益的是在老师的教育下和同学们的影响下,四年下来我养成了爱读书的好习惯。我现在看书真不是为什么,就是一种生活习惯。我要感谢母校让我养成了这个习惯,我离开母校后取得了一点成绩,靠的就是这个爱读书的好习惯。所以,希望母校的师弟师妹们,也都能在大学期间养成一个爱读书的习惯。

演讲结束后,校长接见了演讲团一行,并颁发了这块纪念牌:

感谢牌

戴茂林校友:

您在百忙中回母校给在校生上的精彩演讲一课,为促进学生成人成才成功、推动学校高水平大学建设起到了积极的作用。

特颁此牌,以资感谢!

延边大学
二〇一七年十月二十七日

实际上,应该感谢的并不是校友而是母校,每一名学生都应该永记母校的培育之恩,因为任何人的成就都离不开母校的教育培养。

六、步入高校讲授党史

人的一生由不同的阶段组成，每个阶段都有时代的特征和自身成长的特点，都是一次再出发。

戴茂林虽然在上大学之前已经有了 3 年多的知青经历和军旅生涯，但经过 4 年的大学学习，他不仅戴上了法学学士的帽子，丰富了知识、提高了觉悟，还直接改变了人生发展的轨迹，成了一名大学老师。

然而，变化是绝对的，人生就是一次一次地再出发。当跨入延边医学院的大门时，戴茂林不会想到，他的大学教师生涯只有短短的 2 年时光。

1. 助教兼学生辅导员

1982 年 8 月 14 日，戴茂林来到同在延吉市的延边医学院报到，分配在马列教研室，成了一名教中共党史课的助教。

延边医学院是 1958 年 8 月从延边大学分立出来的。戴茂林大学毕业时延边的大学有延边大学、延边医学院、延边农学院。1996 年，原延边大学、延边医学院、延边农学院、延边师范高等专科学校、吉林艺术学院延边分院等又合并组建成新的延边大学。所以，戴茂林来到延边医学院时，该院属于独立的省属本科院校。

马列教研室负责全院的公共政治课教学，包括哲学、经济学、中共党史等几门课。同延边大学一样,延边医学院的教师也是朝鲜族占多数,马列教研室的十几名教师中只有他和另一名教师是汉族。

虽然被分配教中共党史课,但戴茂林报到后才知,按照校方的规定,新来的教员头一年只是做上课的准备,必须先了解学生,做学生辅导员。所以,戴茂林虽然编制在马列教研室,但他于9月7日就到学生工作部报到,担任了82级药学专业的辅导员。

延边医学院既招收医学专业的学生也招收药学专业的学生。82级药学专业共招了两个班,分为药学一班和药学二班,一班和二班各有31名学生。

担任学生辅导员时戴茂林已经过了25岁,但在当时工农兵学员出身的教师占多数的大学校园中还属于年轻教员,因此也更易于与学生沟通。所以,戴茂林很快就进入了工作角色,开始思考学生的特点和如何做好学生工作。

1982年9月16日,戴茂林在日记中写道:

几天的辅导员工作,对新同学们有了些了解。这批八二级新生大多18、19、20岁,直接从学校中来。作为我国4%的宠儿来讲,学习成绩是可以的,而且单纯,没更多的社会习气。

但是,组织纪律性不强,特别是吃苦精神差,不爱劳动,尤其城市住、家庭环境还好的同学更如此。有一父母均是知识分子的同学,几天军训都说到医院看病,显然撒谎。抽12毫升的血,有的同学怕得很。

但有一同学要求退学,目的是不搞医,需献身于其他事业。此同学比较成熟,有理想,有志气,但考虑问题是否片面?

从1977年恢复高考到1982年新生入学,虽然过去了5年,但能够走进大学校门的仍然只有"4%的宠儿",可见这些大学生确实"学习成绩是可以的"。但戴茂林认为这些刚入学的大学生"组织纪律性不强,特别是吃苦精神差,不爱劳动",则与他这个上过山当过兵的辅导员的自身经历有关。

9月22日,他又在日记中写道:

年级的新同学似应在开课前进行一次教育。

问题：

①政治觉悟不高，考虑国家前途、集体利益少。

②吃苦精神差。

③缺乏较高的追求，满足感强。

④团结互助精神在一部分同学中差。

优点：

①爱国，聪明，理解、接受能力强。

②纯洁，活泼。

③组织纪律性可以，在于组织。

④有上进的愿望。

……

从这两篇日记中可以看到，戴茂林对于自己的新工作还是认真负责的。虽然从对学生的认识中能够看到自身观念的影子，仍然侧重于关注学生的政治觉悟，但对新同学的优点和缺点的分析还是比较客观的。

2. 走上讲台讲授中共党史

虽然按照校方的规定，新来的教员头一年还不能走上讲台，必须先当学生辅导员，但戴茂林后来认为，这种先担任学生辅导员的安排对新教员而言是一件好事。因为了解了学生才能在讲台上有的放矢，而且在当学生辅导员期间还可以听别的老师讲课，学习别人的经验。

戴茂林在1982年10月8日的日记中就写道：

上午听了延大崔老师讲的党史课，这也是我到这儿来听的第一节课。

优点：①课堂组织合理，内容逻辑性强，时间恰好。②政治教育效果较突出，涉及学生的理想、前途、四项基本原则，并讲了搞医的为什么要学党史。③引用电影、正反面人物的事迹，增强了趣味性、新奇感。

但在亲切感方面、讲课激情方面，好像缺少点。

戴茂林是从1983年6月18日开始正式走上大学讲台的，但此时这学期临近末尾，教学任务也只有6次课。

6月27日，他在日记中对自己的教学情况进行了自我总结，写道：

明天还有最后一节课，这学期的课程就结束了。

这五次课的教学，从解决同学们听不听的问题看，还是达到了。看来同学们能够听，也感到有意思。这也是一个成绩，应该肯定。

但是，同学们的意思目标在哪里呢？为什么感到我的课还有些意思呢？

一是我是他们的辅导员，二是兴趣的注意力集中在他们不知道的情节、历史故事、新闻、内幕这些次要的方面，有一些风趣、幽默的语言方面，而不是集中在一些教学重点，如理论、路线、政策方面。

当然，作为我们的学生这样分配自己的注意力是无可非议的，而且也是符合他们目前的认识水平的，因为他们没有专门来研究党史，注意党的路线、方针、政策、教训的目的，也没有这样的需要，动机来源于需要嘛，所以就没有这个问题。

但是，作为一个教员，应该把他们的兴趣引到教学重点上来，必须使一切能够引起他们兴趣的东西都围绕着教学重点展开，不能为了兴趣而冲淡了重点，使二者脱节，这恰好是我没有做到的。我在讲课中有时因为自己掌握了一个能够引起同学注意的情节，虽然这个情节对加深理解重点并没太大的必要，但还是讲了，虽然引起大家的笑声，但对授课的意义并不大。

手段应该服从目的，而不是让手段代替目的。不要哗众取宠，只要认真备课。单纯引起学生的兴趣是不难的，但让兴趣服务于教学则是不容易的，这也是必须做到的。

一名刚刚在大学讲台上讲了5次课的新教员，就能认识到讲课"不能为了兴趣而冲淡了重点，使二者脱节"，还是可以的。

然而，正当在讲台上开始走向成熟时，一个新的任命让戴茂林的大学教师之路戛然而止。

3. 担任延边医学院团委副书记

1984年3月10日，延边医学院党委书记找戴茂林谈话，告知：经党委研究决定，拟任医学院团委副书记。随后，党委任命文件正式下发。

从当时的任命文件来看，院团委副书记是中层副职，也即所谓的副处级。可见，延边医学院党委对他还是看重的。

但是，戴茂林已经决定再次考研。因为1983年5月的一次外出考察，既令他大开眼界，也使他感到了自己的不足。

1983年5月7日到18日，戴茂林随同院里的考察团去沈阳、大连、长春的医学院校学习考察。

这是已经26岁的戴茂林第一次出省。他参观了沈阳北陵、故宫，在大连第一次见到大海，在白求恩医大和大连医学院学习，这些都使他亲身感受到了外面世界的精彩和自身的不足。

他在5月17日的日记中写道：

围绕着吉大、白医大、地质学院走了一圈，我真惭愧"死"了。看到周围学校这些优美的环境，雄伟的建筑，联想到这里聚集着那么多专家、教授、高水平的学生，再看看自己，仅仅占了那么可怜的一隅，仅有那么一点知识就好像可以工作、生活而不去努力的行为，真惭愧。

以往太爱惜自己了。

认识到了差距就要努力。回来后，戴茂林决定再次考研，目标是吉林大学，方向是中共党史，时间是1984年。

然而，考研是个人行为，工作还要干好。1983年7月12日，他在日记中写下了自己的工作原则：

考研究生与讲课不能矛盾，要两不误，而且可以结合，这个想法本身就是在备课中形成的。

原则：

1. 工作要干好，如讲课必须讲好。
2. 要前进，要吸取新的知识，作出新的成绩。

这不但是下学期的计划，也将是我永远的计划。

为自己定下的这份工作原则值得深思：一名年轻人把"干好工作，作出新的成绩"作为自己的工作原则值得赞赏，但把这作为人生中"永远的计划"，能做到吗？

至少从当时来看，戴茂林的工作干得还是不错的。虽然他在团委副书记的岗位上仅有4个月，但既得到了大家的好评，也受到了很好的锻炼。而且，考研究生也是成功的。

1984年7月初，戴茂林接到了吉林大学的录取通知书，成为吉林大学研究生院中共党史专业的一名硕士研究生。

4. 离校前的《长白山游记》

著名的长白山景区是国家AAAAA级旅游景区，景区里最有名的景点是长白山天池，去天池最方便的"北坡"当时归延边自治州管辖，但戴茂林这个延边人从未去过长白山。因此，接到吉林大学的录取通知后，他就"借同学们个光"，于1984年7月11日登上长白山，并在1984年7月12日的日记中写下了这篇《长白山游记》：

长白山游记

奔腾的急流,翻卷着洁白的浪花,在我的脚下轰鸣怒吼着。那一泻千里的气势在宣告:任何阻挡都将在我的冲击下崩溃、灭亡。

我坐的这个近似长方形的巨石长边有两米多,近三分之一突出在急流中,更使得急流加倍地卷起怒涛,汹涌地在巨石边冲过。

我拿起刚喝完的汽水瓶,挑战地抛入急流中。哼,倒要看看你有多大威力。

只见瓶子在急流中翻滚着,挣扎着(下雨了!),但它并没有屈服,急流也并没有像宣告的那样将其碾碎。

虽然我的视线只能注视30米,但我相信……

我是昨天随八二级药学系同学到长白山采药一起来的。前几天接到了通知,想到就要离开延吉,可连延边最著名(也是全国著名)的游览地——长白山都没有来过,委实有些遗憾。在有关老师的协助下,算是借同学们个光吧,也就尾随着来了。

把"刚喝完的汽水瓶抛入急流中"属于应被罚款的行为,是一名大学老师不该犯的错误,但这种挑战行为也反映出他当时的年轻气盛和不成熟的心理。

七、攻读党史专业硕士决定了事业发展方向

1984 年 7 月到 1987 年 6 月，戴茂林在吉林大学攻读中共党史专业硕士研究生。

从上本科到读硕士，这在今天的大学生中十分普遍，是很多人的自然选择。但对戴茂林而言，攻读中共党史专业硕士研究生，并且又遇到指引他走上中共党史研究之路的恩师，是他人生中奠定事业发展方向的关键一环。

戴茂林后来的主要事业就是从事中共党史的教学与研究，而且研究中共党史，不仅是他的主要工作，也是他人生中的最大爱好。

1. 恩师引路终身受益

1983 年 2 月 6 日，戴茂林与在敦化林业局第一中学读书时的同班同学莫巧琳结婚。1984 年 8 月 18 日，他们的女儿在敦化县医院出生了。

1984 年 9 月 19 日，也就是女儿满月的第二天，戴茂林来到吉林大学开始了 3 年的读研学习。

一个人的成长之路会遇到多种因素。对一名学者而言，在求学时期能否遇到高手指引，至关重要。但高手难寻，遇到恩师更难。因为能被称为恩师的人，不仅是学问好，能够给予业务上的指引，更要人品高尚，潜移默化地影响弟子的人生。

戴茂林是幸运的。他的硕士生导师曹仲彬教授，就是他走上中共党史研究之路的引路人。

吉林大学的研究生教育统一由学校的研究生院管理，但具体的专业教学是由各个系、部承担，戴茂林就读的中共党史专业就是由马列教研部负责的。入学的第二天，研究生院召开了入学教育大会。入学的第三天，马列教研部召开了新生欢迎会。会上，有关人员介绍了马列教研部以及党史教研室的有关情况，并通报了中共党史专业研究生的课程设置。

吉林大学中共党史专业硕士研究生的课程设置，极富特色。

硕士研究生的学制是3年，前两年上课，第三年写毕业论文。课程分3类：必修课、选修课、自选课。其中必修课共有以下8门：

1. 政治，70学时，半年。
2. 外语，220学时，一年。
3. 中国新民主主义史专题，120学时，半年。
4. 社会主义革命和建设专题，本学期。
5. 毛泽东思想概论，72学时。
6. 中共反左史（民主革命），72学时。
7. 中共早期组织研究，36学时。
8. 王明问题研究。

上述课程设置是他1984年9月21日笔记中的原始记录，所以有的课程有时间有的没有写时间。但这并不是主要的，更重要的是我们在这份课表中看到了在别的学校党史专业硕士研究生课程设置中很难找到的课程："中共反左史（民主革命）""中共早期组织研究""王明问题研究"。

为什么要把"中共反左史（民主革命）"等这些研究范围十分具体的问题作为一门课程来设置呢？

如果按照今天标准化的课程设置来要求可能有些费解，但这种课程设置恰好反映了那个时期研究生教育的一个特点：课程设置突出导师的研究方向。

吉林大学84级党史硕士研究生共招收了5人，导师只有一位：曹仲彬。

生于1931年的曹仲彬教授是我国党史研究领域令人敬重的优秀专家。曹仲彬教授著的《开天辟地大事变——为中国共产党诞生八十周年作》一书中的封面，有关于他的介绍：

曹仲彬，吉林大学教授、硕士研究生导师。曾任党史教研室主任、吉林省党史学会常务理事。

主要学术成果：出版《王明传》《何孟雄传》《中国特色的建党道路初探》《莫斯科中山大学与王明》等4部专著。曾在《中共党史研究》《近代史研究》等刊物发表《党的一大8月5日嘉兴闭幕考辨》《对"共产主义小组"名称质疑》《杨鲍安传播马克思主义历史功绩》《邓小平在苏区对"左"倾错误抵制》《论毛泽东国情观》等40多篇文章。其中13项获奖，5项获吉林省政府社科优秀成果奖。1997年《新华文摘》全文转载他的《何孟雄后代今安在》一文，此文还获吉林大学人文社会科学特等奖、吉林省第四届社会科学优秀成果二等奖。

1999年上海东方电视台曾拍摄他研究何孟雄的电视专题片。[①]

曹仲彬教授于2010年4月13日在长春病逝。

在导师的遗体告别仪式上，戴茂林代表老师的学生作了如下发言：

送别

2010年4月13日，我崇敬的硕士生导师曹仲彬教授于长春病逝。

这一天，素以春城闻名的吉林省会遭遇了50年未遇的暴雪，整个城市几乎被茫茫的白雪掩盖。

导师的逝去与突降的大雪似乎没有必然的联系，但我却在这一天固执地相

---

① 曹仲彬：《开天辟地大事变——为中国共产党诞生八十周年作》，吉林大学出版社2001年版，作者介绍。

信，漫天的白雪就是为我的老师而下，晶莹飞舞的雪花，就是我们这些了解他的弟子流淌自内心的泪花。

了解他，才知道老师的学问有多大。大在他从不写那些言之无物的空洞文章，而是扎扎实实地去研究论述党史研究中那些看似很小、实则缺之就无法搞清重大史实的关键问题。中共早期组织如何建立，他的论文和专著独树一帜；中共最早党员中的何孟雄，第一部传记是他书写；实事求是评价王明的一生，他倾注毕生心血……

了解他，才知道老师的人品有多好。拜他为师3年，与他交往23年，他从不用言语教导我们如何做人，但最坦诚地毫无顾忌地对待自己和最单纯地甚至是有些孩童般地对待别人，为我们树立了做人的典范。他自己在人生中遇到的坎坷磨难，虽然有时也与我们讲起，但却从不悲观哀怨。他的学生要是取得了些许成绩，他总是自豪地在别人面前大肆夸赞。

了解他，才知道老师的生活有多么清贫。简陋的住宅，陈旧的设施，孤寂的岁月。无法让人相信这是一位对中共党史研究和人才培养作出卓越贡献的专家学者的真实生活。老师退休已近20年，微薄的退休金只能维持简陋的生活，虽然常年患病但并不敢奢侈地住院。弟子们请他吃饭，要是上来贵些的菜他会立即表示不满。然而，哪里有了灾情，他马上会不留姓名地慷慨捐献。

也正是因为了解他，崇敬他，爱戴他，学生们才自发地从广东、上海、山东、北京、辽宁等地赶来，发自内心地站在老师的遗体面前向他诉说：老师，您安息吧！虽然每个人的生命都会终结，但您的风范在弟子心中会永存。学生们的工作事业有多大成就并不重要，我们会共同因为拥有您这样一位老师而永远自豪！

我们的老师是在漫天雪花的陪伴下离我们远去的，他那纯洁的一生终于与洁白的大地融为一体。虽然弟子们不能再与您在狭小的书房中谈天说地，但我们会仰望天空永远地道一声：

老师，您好！①

---

① 戴茂林：《王明与莫斯科》，辽宁人民出版社2013年版，第322—323页。

曹仲彬教授的学问和人品确实如他在这篇发言中所言：学问之大，大在他从不写那些言之无物的空洞文章，而是扎扎实实地去研究论述党史研究中那些看似很小、实则缺之就无法搞清重大史实的关键问题；人品之好，好在他从不用言语教导弟子如何做人，但最坦诚地毫无顾忌地对待自己和最单纯地甚至是有些孩童般地对待别人，树立做人的典范。

戴茂林在导师遗体告别仪式上的这篇发言，后来收录在他独著的《王明与莫斯科》一书的后记中。

2. 高起点发表论文奠定了严谨求实的学风

作为一名学者，首要的标志是要有自己的作品。

但搞学问的人都知道，发表自己的代表作，并非易事。尤其是刚刚走上学问研究之路的年轻学者，要想公开发表自己的学术论文，更不易。但是，戴茂林由于遇到了恩师，公开发表的第一篇学术论文竟然是在中共党史研究的最高刊物之一《党史研究》上发表的。

当然，之所以能在《党史研究》上发表学术论文，并非是依赖导师的名气和关系，而是因为跟着导师学习研究"中共早期组织如何建立"后，有了自己的独到见解。

中共中央党校主办的《党史研究》是在1980年1月创刊的。该刊初创时为内部发行，1982年经中宣部同意改为限国内发行，1985年6月经文化部同意改为国内外公开发行，1988年起刊名改为《中共党史研究》，由中共中央党史研究室主办。

戴茂林的首篇论文《无政府主义者参加北京共产主义小组的原因》，是1986年5月在《党史研究》双月刊1986年第3期上发表的，全文5400多字，主要阐述了无政府主义者参加北京共产主义小组的四方面原因，并得出了下述结论：

综上所述，我认为，中国早期马克思主义者与无政府主义者在公开大论战以前，确如蔡和森同志所言，曾经有过暂时的同盟关系。二者政治目标上一定程度的暂时一致，为这种暂时的同盟奠定了客观基础；早期马克思主义理论水平的局限，成为这种暂时同盟的主观因素；共产国际和苏俄代表的指导及行动，又促进了这种暂时同盟的形成。

中国的早期马克思主义者和无政府主义者的暂时同盟，是特定历史条件下的产物。随着马克思主义者理论水平的提高和无政府主义的日趋反动，随着中国共产党的正式诞生，这种暂时同盟以马克思主义者对无政府主义的大规模的自觉批判宣告结束。

作为一名在读的硕士研究生能在《党史研究》上公开发表学术论文，当然离不开导师的指导。但对戴茂林而言，这第一篇学术论文更为重要的价值在于它奠定了一名学者严谨求实的学风。

3.54 天出省调研培养了注重访谈的研究特色

论从史出，是历史研究当然也是中共党史研究的基本原则。

如何把握史料，一般来说有静态和动态两条路径。静态把握，指的是学习了解已有的文献史料；动态把握，是指创造性地收集整理尚未挖掘的史料，其中的访谈知情者，就是一条重要路径。但是，访谈知情者不同于到图书馆、档案室去查阅已有的文献，必须天南海北地到处寻找知情者，而且还要对知情者所谈内容进行考证分析，这本身就是一项艰苦繁杂的创造性研究。

虽然访谈知情者不易，但注重访谈恰好是曹仲彬教授的长项，后来也成了戴茂林研究中共党史的特色。

戴茂林的第一次外出访谈，就是在导师的指导下出省调研王明问题。

曹仲彬教授是如何指导学生搞调研的，戴茂林在1986年3月5日的笔记中有如下记载：

上午，曹老师讲调研问题。

王明问题调研地点和路线：

长春：袁孟超。

沈阳：李宗邺，辽大历史系教授，芜湖五中时王明的同学。了解王明何时、是否在五中读书？几班？何时入？何时走？表现如何？

鲜克德，辽宁干休所，王明抗战时的警卫员。了解王明在抗战时、延安的情况。

北京：

……

从笔记中可知，曹仲彬教授在这天上午非常详细地向学生们交代了要到什么地方去访谈谁。除上文中讲到的长春、沈阳、北京外，他还讲了去郑州、武汉、广州、安徽、南京、上海、杭州等地要访谈的人员。其中，在北京要访谈的人员最多，曹仲彬教授共点了下列人员：

伍修权、吴亮平、黄秀增、罗章龙、李元杰、李培之、杨成芳、李一氓、罗晓虹、孟侃、田书源、陈复芝、李光灿、宋炜、钱之光、董小鹏、朱仲丽、黄树则、金茂岳

而且，曹仲彬教授还交代了这些人与王明的关系和他们的住址。

不难发现，曹仲彬教授不仅治学严谨，而且对王明问题有着非同一般的深入研究。

曹仲彬教授这次带着自己指导的研究生外出访学共分成两组，一组是他亲自带着两名研究生去河南、安徽等地，另一组由戴茂林和另外两名研究生去北京、上海等地。

在导师的精心指导下，从1986年3月18日到5月10日，戴茂林在笔记中记下了这些调研情况：

3月18日，在锦州一干休所访问王明警卫员鲜克德。

3月24日，在北京大学向党史专家向青老师请教。

3月25日，在北京访问原莫斯科中山大学学员李元杰。

3月25日，在北京访问曾与王明同时在苏联学习的经济学家孙冶方的爱人洪克平。

3月26日，在北京香山装甲兵干休所访问曾在王明身边工作的江成。

3月27日，在北京访问原莫斯科中山大学学员黄秀珍。

3月27日，在北京访问张闻天夫人刘英。

3月27日，在北京访问王明在武汉上学时任中共武汉第三区区委委员的哲学家杨献珍。

3月27日，在北京访问在延安时给王明治病的延安白求恩和平医院医疗主任黄树则。

3月29日，在北京访问王明在延安住院时的主治医生金茂岳和他爱人黎平。

3月30日，在北京访问原莫斯科中山大学学员李一凡。

3月31日，在北京向党史专家许俊基老师请教。

4月1日，去首都图书馆查资料。

4月2日，在北京访问原莫斯科中山大学学员罗征敖。

4月12日，在河南郑州访问王明的入党介绍人许凌青（许鸿）。

4月14日，在湖北武昌，去省委组织部、省政协、省党史办、省委统战部、省公安厅、省图书馆、省档案馆了解有关情况和查阅有关材料。

4月15日，在武昌访问王明警卫员巴方廷。

4月15日，在武昌访问1938年去延安后与王明有过工作交集的赵文媛。

4月16日，去武汉市党史办与研究中共长江局的童老师交流。

4月16日，在武昌访问原莫斯科中山大学学员王盛荣。

4月20日，在南京访问王明中学同学丁廷谓。

4月21日，去江苏省档案馆查阅资料。

4月21日，在南京访问王明中学同学李宗邺。

4月22日，去南京第二档案馆查阅资料。

4月26日，去浙江省政协和浙江省委统战部了解有关情况。

4月27日，在杭州访问原莫斯科中山大学学员张崇文。

4月28日，在杭州访问原莫斯科中山大学学员毛齐华。

5月2日，在上海访问原莫斯科中山大学学员黄美真。

5月3日，去上海市党史办了解情况。

5月3日，在上海访问原莫斯科中山大学学员杨树亚（杨安娜）。

5月5日，去上海市图书馆查阅资料。

5月7日，在上海访问原莫斯科中山大学学员陈修良。

5月7日，在上海访问原莫斯科中山大学学员吴福海。

5月10日，在天津访问与王明同在法律委员会工作过的李光灿。

54天的时间，横跨8个省区，开展了30多次调研访谈，现场记下的访谈录有5万多字，从中可见戴茂林与导师研究王明问题成果丰硕的原因。

更为重要的是，这次还在读硕士研究生期间的54天调研访谈，培养了戴茂林在中共党史研究中注重访谈的特点。

4. 陈修良前辈对其硕士论文的29处修改

一个人的成长之路必定要得益于多人的教诲和帮助。在研究中共党史的道路上，戴茂林不但有曹仲彬导师的指引，还有陈修良等前辈的指导和帮助。

生于1907年的陈修良于1926年加入中国共产主义青年团，1927年转入中国共产党，同年去莫斯科中山大学学习，1930年夏回国。陈修良回国后长期在上海等地从事地下工作，并于1946年4月担任了中共南京地下市委书记，被称为"我党历史上第一位大城市的女市委书记"。新中国成立后，陈修良担任上海市委组织部副部长、浙江省委宣传部部长、全国妇联华东区工作委员会副主任、全国妇联第二届执委等职务。1998年11月6日，91岁高龄的陈修良因病去世。

曾与王明同在莫斯科中山大学学习的陈修良对莫斯科中山大学的情况十分了解，而且做过专门研究，于1983年10月在《革命回忆录》（增刊）发表了《莫斯科中山大学里的斗争》一文。所以，戴茂林于1986年5月7日在上海社会科学院拜访了陈修良。

时任上海社会科学院顾问的陈修良不仅详细地向戴茂林讲述了她所了解的情况，而且还鼓励戴茂林要认真研究莫斯科中山大学的问题，并且指出：

> 莫斯科中山大学的问题要从政治路线入手，不要局限于28个。28个就是王明派，王明派就是斯大林派。[①]

正是在曹仲彬导师的指导下和陈修良等前辈的鼓励下，戴茂林的硕士学位论文选定为《莫斯科中山大学的纷争》。

《莫斯科中山大学的纷争》是1987年5月定稿的，打印出来后有10万多字。

戴茂林至今还保存着一本打印的《莫斯科中山大学的纷争》，是他1987年邮寄给陈修良征求意见并经她修改后又邮寄回来的。

陈修良当时已是80岁高龄，但她竟然在这本打印的小册子上作了29处改动，包括指出把"候补"写成"后补"这种文字错误。可见，陈修良不仅是逐字逐句翻阅了全书，并且作了认真思考、精心修改。

陈修良前辈修改过的这本《莫斯科中山大学的纷争》小册子，至今仍摆在戴茂林书架的一个显眼处。

5. "神奇的521"

戴茂林入学的1984年，曹仲彬导师共招收了5位硕士研究生。

曹老师的这5位弟子都是男生，其中，年龄最大的一位家住长春，是不住校的走读生。戴茂林和其他3人分别来自吉林省、黑龙江省、河南省、湖南省，共同住在吉林大学研究生第3宿舍521室。

---

① 戴茂林：《访问陈修良谈话记录》（未刊稿），1986年5月7日。

521室的4位师兄弟中,戴茂林年纪最大,来自黑龙江的师弟生于1960年,另两位大学刚毕业就考取了研究生的师弟生于1963年。

戴茂林不仅在同届师兄弟中年龄最大,而且还是马列教研部82届、83届、84届研究生联合党支部的书记。因为在他入学之前,前两届研究生中没有党员。

戴茂林和师兄弟们的成长主要源于吉林大学浓厚的学习氛围和曹仲彬导师的精心培养,但521室的4位师兄弟也确实非常努力,他们相互鼓励,认真学习,潜心研究,没有辜负学校的培养和导师的厚望。

3年的研究生学习在每天的忙碌中度过,同寝的4位师兄弟结下了难忘的情义。1987年6月28日晚12时,戴茂林在毕业前夕的日记中写下了这首诗:

毕业前夕

我们一起来,
别时未成行,
但没有孤燕的哀鸣。
虽然可能腾飞于蓝天,
也可能孤寂荒凉。

你来时,
我走了。
来时没有鲜花,
走时带着真情。
相思时我会化作清风,
飞向蓝天去拥抱明月,
或坐上火箭,
射向朋友的怀中。

愿闪电传来学友的喜讯,

> 我将用响彻天涯的雷声做笑声，
> 把瓢泼大雨斟满各位的酒杯，
> 让欢庆的笑声掀起地震、山洪。

虽然这首写于晚上12点的诗可能来自酒后，就诗歌的韵律而言也不够精致，但同寝3年的师兄弟之情流露于诗中，尤其是"愿闪电传来学友的喜讯"的祝愿还真应验了。毕业20多年后521室的4位师兄弟在相聚时才意识到，当年同一寝室的4位师兄弟，如今不仅都有博士学位和教授头衔，而且都成了国家的厅级干部。

同一寝室，同一导师，4位师兄弟，毕业后都拥有博士学位和教授头衔并都成长为国家厅级干部，而且40年来一直保持密切联系，确实难得。因此，有人称吉林大学研究生第3宿舍521室为"神奇的521"。

神奇还真能延续，2024年7月29日，"神奇的521"4位师兄弟从长沙、南京、北京、沈阳会集到现在的吉林大学前卫北区，共同来到第3宿舍，重新站到40年前相识的521门前，续写了新的神奇。

八、在职读博拓宽了研究领域

"三十而立",说的是人到三十岁,应当确定人生的追求与发展方向。也许是偶然的巧合,戴茂林1987年硕士研究生毕业时正好30岁,而且在此之前也明确了今后的人生是要"吃共产党的饭","或许去做党务工作,或许研究党的历史"。

1987年6月,戴茂林应聘来到中共辽宁省委党校,成为党史教研室的一名助教。

1990年,戴茂林参加了中国人民大学博士研究生招生考试。但由于只能在职学习,所以从1991年9月至1992年7月以访问学者的身份在中国人民大学进修一年。

虽然是在职读博,但在彦奇教授的精心指导下,戴茂林不仅利用工作之余完成了博士学位论文的写作,于1995年9月获得了博士学位,更拓宽了研究领域,为后来的中共党史研究奠定了更好的基础。

1. 落户沈阳工作于中共辽宁省委党校

一个人选择什么样的职业,确实是人生中的大事。如果能选择一个既适合自己而自己又非常喜欢的工作,那真是人生中的幸事。

当然,岗位是客观的,适合自己的前提是你要具备一定的条件。如果自身不具备一定的素质，想找到一个既适合自己而自己又非常喜欢的工作还是很难的。而且，即使具备一定的条件，如果好高骛远，也很难找到这样的工作。

但戴茂林确实是找到了一个既适合自己而自己又非常喜欢的工作。

1986年5月30日，他在日记中写下了这段话：

确定一种信仰，树立一个目标，坚持一个方向，对于人的生活意义是必要的，甚至是必须的。

看来我的选择是要"吃共产党的饭"，这是指狭义的，即或许去做党务工作，或许研究党的历史。

吃饭是要做饭的，或许以后不搞学术，但目前是在搞学问，在学习和研究党史。那么，就要凭一个党史学者的良心和一个党员的职责，来从事这项工作。

日记不是写给别人看的，但后人是可以从日记中看出此人当时所思所想的。从这篇日记中可知，在研究生毕业的前一年，他已经开始思考自己的事业选择了。

作为一名19岁加入共产党的党员和一名正在攻读中共党史专业的硕士研究生，选择"或许去做党务工作，或许研究党的历史"，也是符合实际的。所以，当1987年研究生毕业时，戴茂林在多种选择中来到了位于沈阳市的中共辽宁省委党校。

之所以说当时有"多种选择"，是因为那时的硕士研究生还是很好找工作的，可以说是进北京不难，到党政机关大专院校也可。但具体到个体而言，戴茂林实际上又是选择不多。因为他当时的要求是今天的年轻人无法理解的：既要把妻子和女儿的户口迁到所工作的城市并给妻子安排工作，又要分给合适的住房，而且要把妻子姥姥的户口一同调来。

面对今天看来有些无理的要求，当时的中共辽宁省委党校竟然全都答应了。所以，1987年6月30日，戴茂林来到了中共辽宁省委党校，成为党史教研室的一名教员。

说起中共辽宁省委党校，真可谓历史悠久，名人辈出。

辽宁人民出版社出版的《中共辽宁省委党校校史》中写道：

中共辽宁省委党校的前身中共中央东北局党校和辽东、辽西省委党校，都是1949年上半年相继建立的。

中共中央东北局以及中共辽南、辽吉省委根据形势发展的需要，分别于1946年末和1947年初创办了短期干训班性质的中共中央东北局七一学校和中共辽南省委地方干校、中共辽吉省委工农干校，成为我省党校历史发展最早的源头。现在的中共辽宁省委党校，则是由1949年上半年正式建立的中共中央东北局党校和中共辽东、辽西省委党校先后合并发展演变而来的。①

这部《中共辽宁省委党校校史》的开篇是曾经担任过党校领导的照片。第一页的四位是：张秀山、郭峰、高扬、李荒；最后一页的四位是：任仲夷、孙奇、曹原、曹明远。

最后的这位曹明远，就是戴茂林1987年6月来到中共辽宁省委党校时的第一副校长，当时的校长由省委副书记孙奇兼任。但从1988年5月起，孙奇就不再兼任了，改由曹明远任中共辽宁省委党校校长。

1987年戴茂林入校时，中共辽宁省委党校共有21个处级单位，其中，教学行政和党务部门有11个：办公室、组织处、老干部工作办公室、机关党委、教务处、科研处、学员处、研究生部、函授部、党校工作处、行政处；教研部门有9个：哲学、政治经济学、科学社会主义、中共党史、党的建设、经济管理、文史、政策与领导科学、法学。此外，还有图书馆。

按照当时的规定，硕士毕业一年后可以申请评讲师。所以，戴茂林在1988年12月由助教晋升为讲师。

---

① 中共辽宁省委党校校史编辑办公室编：《中共辽宁省委党校校史》，辽宁人民出版社1991年版，第1页。

2. 一波三折的考博经历

走研究中共党史之路，戴茂林是坚定不移的。但通过攻读博士学位来进一步提高自己的研究水平，则是到中共辽宁省委党校之后才决定的。

来到一个新的单位，首先需要适应新的环境。但他来到省委党校党史教研室后，并没有很快适应这里的环境，这可以从1987年11月2日写的日记中得到验证：

来党校已四个月有余。

对这里的一切逐渐了解，但又越感陌生。

没有确切统计这里的学员与教职工的比例，肯定是学员不多，教职工过剩，编制本身就是过剩的编制。

这里的生活设施很齐全。从现状上看会使人感到，是为了学员办党校还是为了这些教职员工而办？倒像个干休所，包括学员，大家共同在这儿安度"晚年"。

教研室每周集会一次，1:30到5:00，中间休息。只有3个小时的时间，领导要传达各种类似的文件、精神，布置工作，约占一半的时间。剩下的时间按20人（正常出席人数）计算，每人4分半钟。按惯例，副教授发言约10分钟，讲师约5分钟，助教无发言的机会。一下午唯一的活动除了听外，就是上趟厕所。

党史教研室编制24人，实有25人。每年课时200左右，加上研究生课有500？吉大党史编制12人，实有10人，每年课时1500左右。

党校与高校不同，要求高，但教员实际水平不如高校。

从这篇日记中可以看出，戴茂林当时对于党校的了解是不够的。虽然也认识到了"党校与高校不同"，但显然此时并未完全认识到党校的培训对象和培养目标与高校是完全不同的，将二者简单类比并不妥当。

对于自己所处的环境不太满意，这也是戴茂林要考博士研究生的原因之一。

不过，虽然有考博的愿望，但戴茂林的考博之路却是一波三折，经历了从报考在职博士生到申请脱产读博士再到只能读在职博士的演变。

1990年元旦刚过，戴茂林就向中共辽宁省委党校人事处提出了报考中国人民大学党史专业博士研究生的申请。但是，此时来到省委党校工作还不到3年，所以，单位研究后通知：可以考博，但工作需要，只能考在职博士生。

虽然申请考博既有深造的目的也有离开沈阳争取进京的考量，但由于当年是应聘而来，所以单位提出的条件是合理的。因此，他只好同意，表示报考在职博士生。

于是，中共辽宁省委党校于1990年1月20日给中国人民大学招生办写了这样一封介绍信：

中国人民大学招生办：

我校党史教研室讲师戴茂林申请报考在职博士生。本人符合贵校规定的报考条件，同意报考。

中共辽宁省委党校人事处
1990 年 1 月 20 日 ①

中国人民大学1990年博士生考试于5月5日和6日进行。戴茂林报考的是中共党史专业，导师是国内著名政党史专家彦奇教授。

关于彦奇教授，中国人民大学新闻网站曾于2007年10月16日发表《著名政党史专家彦奇教授》一文，其中写道：

五十年代，他与胡华、戴逸一起编辑出版了《中国新民主主义革命史参考资料》一书，热销全国，他们将稿费悉数捐出，为中国人民志愿军购买战

---

① 中共辽宁省委党校介绍信，1990年1月20日。

斗机；而后，他带头创新，进行中国工人运动史研究，主编了《中国工人运动史讲义》；六十年代，他参加了高等学校教材《中国共产党历史讲义》的编写；八十年代，他作为中国革命教研室主任，不仅带领同志们进行了卓有成效的学科建设，填补了学科空白，开出了如《中国各民主党派史》《共产国际和中国革命》等一批新课，还陆续出版了各门新课的专著，备受好评。其中，要数由彦老主编的《中国各民主党派研究历史丛书》和《中国各民主党派人物传》反响最大……

  导师是政党史专家，所以，他参加的考试科目是外语、中共党史和中国各民主党派史。

  由于在延边大学和硕士研究生时学的是日语，所以，5日上午是日语笔试，下午是日语口试；6日上午是中共党史，下午是中国各民主党派史。

  彦奇教授1990年的招生计划是招一名脱产博士生和一名在职博士生。但当年报考的考生只有两人：一名是正在中国人民大学党史系攻读的硕士研究生，另一名就是戴茂林。

  然而，考试的结果出乎意料：那名硕士研究生的考试成绩不合格，而戴茂林的成绩既可以读脱产博士生也可以读在职博士生。

  正因为出现了这种难以预料的情况，戴茂林又想去读脱产博士生了。于是，他先与导师联系，看导师是否同意招收自己为脱产博士生。

  1990年6月18日，彦奇教授写来了这封信：

茂林同志：

  你好！你已被录取为我的学位博士生，我今晨已签了字，为你高兴。你等着接录取通知书吧！

  前些天曾听小藏说，你拟转为代培生或脱产博士生，并有志将来工作于我校和我一道进行研究工作。得此消息后，立即同我校研究生院商量，他们说可以，只要你能来封信给我，以资他们讨论研究。此事我已转告小藏，让他写信转告你，后因我写个稿子，忙得不可开交，以后也没有见到小藏，就不知此事下文了。

特写信告诉你。

顺祝

一切均好！

你的老师　彦奇书
九〇年六月十八日

第二天，彦奇老师又写了一封信：

茂林同志：

前写一信，想已收到。今天到研究生院，结果让你写一正式报告，我和系里也得写一报告。我们报告无问题，你写报告时要将你所在单位认可否写来，这关系到你校同意你当"正式"的与否。如果你真的要来，就得做这方面的努力了。明白了吗？

希见信后速将报告邮来。

致

好！

彦奇书
九〇年六月十九日

接连收到导师两封来信，得知自己已被录取为学位博士生，而且导师和校方也同意自己转为脱产博士生，戴茂林既兴奋又紧张，赶紧来到省委党校人事处申请可否转为脱产学习。

但是，遭到了拒绝。

无奈，戴茂林来到中共辽宁省委党校分管人事工作的副校长家，恳请能让他脱产攻读博士学位，并表示学成后一定回来工作。但是，坚持原则的副校长明确表示："你如果坚持要走，那就把我们给调来的你爱人一同带走吧。"

戴茂林的爱人从吉林省敦化县调来后被安排到省委党校政策与领导科学教研室做行政秘书，工作很顺心，而且他也没有能力在自己上学时把爱人调走。

因此，戴茂林只好给导师写信，告知省委党校不同意转为脱产博士生，只能是在职读博了。

平心而论，中共辽宁省委党校的决定是无可非议的。哪个单位会让花大力气招聘来的人工作不到3年就走了呢？而且后来的人生之路证明，在职攻读博士学位可能是一个更好的选择。

3. 历经5年在职学习获得博士学位

是在职还是脱产读博的风波算是平息了，但如何在职读博的问题仍未解决。

1991年1月25日，中国人民大学党史系负责研究生工作的常文景老师给戴茂林来了一封信，全文如下：

茂林同志：

作为博士学位生，按研究生院规定，政治理论课和外语、二外均需到校听课考试，业务课和专业基础课可以只来参加考试。这样你必须集中一年时间来京将五门功课全部完成（甚至连综合水平考试也要搞完），只剩论文答辩一项就好办了。要来校一年，费用确实不少。按规定，一门博士生课程要300元（听课加考试），这样，外语、二外、政治理论课即需900元，专业课、专业基础课系里照顾你只交考试费（二门共100元），五门课也要1000元，综合水平考试费150元。除此之外，还需解决你的住宿费、往返车票款，费用确实不少。也不知你个人如何打算？

鉴于你的情况，我和彦老师商量一个办法供你参考。即你今年九月至明年七月以国内访问学者身份来校一年，攻完五门课程和综合水平考试。作为国内访问学者，即帮你解决了食宿和看资料问题，学校给你交700元学费就什么都有了。而你本人除免费住宿外，尚可每月得30元生活补贴（一学年按10个月算，共计300元），系里再给报销50元书费。即你校所交700元中50%返回给了你本人。现寄去一份简介，若你有意，即请填写申请表。

当然交研究生院的五门课1150元不能免。你的访问学者身份对研究生院要保密，学位生的身份对成人教育处要保密。这样你既可有一个安稳较好的学习环境，你们学校又可少出一点钱。

  此主意出的如何？请来信告诉彦老师。不同意也没关系，我们只是在为你想个办法，使你完成学业。除此之外，暂无想出更好的办法。

  祝

  好！

常文景
1991.1.25

  接到常文景老师的信后，他与省委党校进行了顺利沟通，然后就于1991年5月15日收到了这份《中国人民大学接收教师进修通知书》：

辽宁省委党校：

  兹同意接收戴茂林同志来我校中共党史系中共党史专业进修国内访问学者课程（进修期限：1991年9月至1992年7月）。请于1991年9月9日至9月10日来我校党史系报到。

中国人民大学成人教育处
1991年5月15日 ①

  于是，从1991年9月至1992年7月，戴茂林以国内访问学者的身份，在中国人民大学进修学习，完成了博士学位研究生的五门功课以及综合水平考试。然后，他又用了3年的时间，在彦奇教授的精心指导下，利用工作之余完成了博士学位论文《东北救亡总会研究》的写作，于1995年9月28日参加了博士学位论文答辩。以林茂生为主席的5人答辩委员会一致同意建议授予戴茂林博士学位。

---

①《中国人民大学接收教师进修通知书》，1991年5月15日。

1996年7月4日,戴茂林被中国人民大学学位评定委员会授予法学博士学位。

虽然从1990年考博到1996年获得博士学位已经过去了6年,从1991年开始攻读博士学位到取得博士学位也用了5年的时间,但在这5年间,除1年是到中国人民大学集中学习外,其余的时间是以工作为主的。而且戴茂林在给党校学员讲授中共党史的同时,自己的科研也取得了丰硕成果。

4. 导师的教诲激励着真诚做人、做真实的学问

2010年2月24日,戴茂林的博士生导师彦奇教授因病医治无效不幸逝世,享年84岁。

2010年3月1日,中华人民共和国教育部发唁电悼念彦奇教授:

中国人民大学彦奇教授治丧委员会:

惊悉著名政党史学家、中国人民大学彦奇教授不幸逝世,不胜痛惋。我部对彦奇教授的逝世表示沉痛哀悼,并向其家属表示深切慰问。

中华人民共和国教育部
2010年3月1日

尊敬的导师虽然离开了,但导师的教诲和帮助永远激励着戴茂林真诚做人、做真实的学问。

戴茂林虽然只在中国人民大学以进修的名义学习了一年,但回到工作单位后,他仍然与导师保持着密切的联系,经常去北京向导师当面请教,而且书信来往频繁。

戴茂林目前收藏的彦奇教授亲笔写给他的信有17封,信中的多数内容是对他学术上的指导和教诲,同时也体现着对他的关心和关爱。

例如,导师1994年7月15日的信中就写道:

你的论文进展如何？何时来京？我意你不要搞得太紧张！在炎热的暑假中应该好好地调整一下自己，亦即应好好地休息一下。①

导师既关心他的论文进展情况，又怕他在炎热的暑假中调整不好，嘱咐他应好好休息，这实际上是对他最好的激励。

关于导师的学问特点，中国人民大学发表的《著名政党史专家彦奇教授》一文有如下介绍：

彦老将他的治学之道总结为六个字：严谨、博精、拓新。

"严谨，就是做学问要一丝不苟，要严格地遵循辩证唯物主义与历史唯物主义的原则；博精，就是做学问不仅要着眼于'博'，还要从'博'中取'精'；拓新，就是做学问要敢于大胆涉足前人未曾研究的领域，使自己的研究方向既有一定的合理继承性，又有相当大的开拓创新性，力求写出实事求是、具有新意的著述。"

导师的"严谨、博精、拓新"学风，戴茂林深有感悟，也是他一直努力的方向。

---

① 彦奇给戴茂林的信，1994年7月15日。

九、担任行政职务未影响党史研究

搞科研是需要时间的，专职科研和兼职科研是有区别的。但凡事都有两面性，有的岗位可能影响了科研时间但未必会影响科研事业。

戴茂林于1987年6月到中共辽宁省委党校党史教研室任教后，先是于1994年任党史教研室副主任，后于1996年7月任科研处副处长、1997年9月任科研处处长，又于2003年7月任校委委员、2004年10月任副校长。2013年12月，调任辽宁社会科学院党组书记、副院长。

然而，戴茂林虽然离开了教师岗位担任了行政管理工作，但他的中共党史研究事业并未受到影响。

1. 担任科研处处长后努力科研

1987年来到中共辽宁省委党校的戴茂林，之所以能够于1994年被任命为省委党校党史教研室副主任、1996年调任科研处主持工作，主要是因为他的科研成果比较丰硕，因而戴茂林于1997年3月被评为"中共辽宁省委党校首届优秀科研人才"。

也正是因为科研成果较多，中共辽宁省委党校校委于1996年7月调其任科研处副处长。由于与他同时任命的科研处处长8月开学后就要参加省委党校的处级干部培训班，所以戴茂林从1996年8月开始主持科研处工作，并于

1997年9月被任命为中共辽宁省委党校科研处处长。

虽然从教研室转岗到科研处变化很大,但担任科研处处长后戴茂林一方面在校委的领导下大刀阔斧地对原有的科研管理制度进行改革,另一方面也挤出时间更加努力地进行中共党史研究。

从1996年7月调科研处到2001年6月离开科研处,5年间戴茂林取得了下列科研成果:

1996年8月,《〈反攻〉半月刊介绍》在《抗日战争研究》1996年第4期发表。

1996年12月,《八年抗战中的东北救亡总会》一书由东北大学出版社出版。

1997年6月,《香港回归对世界和平的贡献》在《党政干部论坛》1997年第6期发表。

1998年9月,《鞍钢宪法:毛泽东探索中国社会主义建设道路的重要一环》在《教学与研究》1998年第9期发表。

1998年11月,《刘少奇与高饶事件》论文入选"纪念刘少奇百年诞辰研讨会"。

1999年1月,《一腔心血映春秋——周恩来与东北抗日救亡运动》在《党史纵横》1999年第1期发表。

1999年2月,《邓小平与党的第三代领导集体的建立》在《党政干部学刊》1999年第2期发表。

1999年12月,《鞍钢宪法研究》在《中共党史研究》1999年第6期发表。

2000年2月,《科学分析形势是坚定正确理想信念的前提》在《党政干部学刊》2000年第2期发表。

2000年2月,《"三讲"教育取得成效的原因》在《理论与实践》2000年第2期发表。

2001年1月,《中国改革的实质是社会主义体制的创新》在《特区理论与实践》2001年第1期发表。

而且，戴茂林在这期间申报的"党的三代领导集体关于正确分析形势的思想研究"，被列为1999年国家社会科学基金年度项目。

同时，戴茂林在这期间还到国家图书馆、陕西省档案馆、黑龙江省档案馆等地查阅了有关高岗问题的文献档案材料，访谈了李力群、赵德尊、郭峰、苏丹、安子文、张晓霁、高崇道等多位高岗问题知情者，从而为《高岗传》的写作打下了较好的基础。

2. 进入校领导班子仍然继续科研

2001年6月，戴茂林被任命为中共辽宁省委党校副教育长，协助分管教学工作的副校长参与教学管理。

省委党校副教育长就级别而言，与科研处处长同样是正处级，但副教育长协助副校长工作，可以列席校委会会议，实际上是校委班子成员后备人选。

由科研处处长转为协助分管教学工作的副教育长，相当于由科研岗转到了教学岗，变化还是很大的。但对于戴茂林而言，无论在哪个工作岗位上，研究党史都是他必须承担的责任和不变的爱好。所以，他在副教育长的岗位上，一方面增加了教学数量、提高了教学质量，另一方面也未影响党史研究，并取得了更多的研究成果。2002年，戴茂林被中共辽宁省委员会、辽宁省人民政府授予"辽宁省青年专业技术拔尖人才"称号。

2003年7月8日，省委组织部给省委党校发来任职通知：

省委党校：

省委同意，曲明哲、戴茂林、侯仰德同志任中共辽宁省委党校校委委员（副厅级）。

中共辽宁省委组织部
2003年7月8日[①]

---

① 辽组干字〔2003〕281号。

7月10日，戴茂林担任中共辽宁省委党校校委委员的消息在报纸和电视公示。

戴茂林在公示后的第二天日记中写道：

从去年11月考核到昨天公示，半年多，也不多见。但如果公示期过后正常任命，自己的责任确实与以前不同了。

我坚信一条原则：权为民所用。要出于公心，处事公正。

进入校委班子后，2003年7月28日，中共辽宁省委党校校委会宣布分工：戴茂林负责研究生部和信息中心。

但戴茂林担任省委党校校委委员的时间并不长，2004年10月就被任命为中共辽宁省委党校副校长。

2005年1月5日，校委会宣布分工调整：戴茂林分管教学工作。

教学工作是省委党校的中心工作，但戴茂林在尽全力完成好分管工作的同时，仍然挤出时间继续研究自己热爱的中共党史，而且取得了一系列研究成果。

正是因为科研成果比较突出，所以戴茂林于2005年10月被中共辽宁省委、辽宁省人民政府授予"辽宁省优秀专家"称号。

3. 担任副校长后去香港中文大学访学

作为中共辽宁省委党校分管教学工作的副校长，行政事务是比较多的。虽然戴茂林分管教学工作后省委党校的教学工作也有了新的起色，但他仍然没有中断已经进行多年的高岗问题研究，而且随着研究的逐步深入，戴茂林深感应该拓宽视野去收集更多的研究资料。于是，戴茂林于2008年3月向香港中文大学中国研究服务中心提出了访学申请。

当时他也清楚，身为中共辽宁省委党校副校长，去香港中文大学进修的可能性是不大的，所以也是抱着试一试的心态提出申请的。但没想到，香港中文大学中国研究服务中心助理主任李永刚于2008年4月24日给他发来了这份邀请函：

戴茂林教授：

  为促进学术交流，谨诚意邀请你于2008年10月8日至11月8日莅临本中心进行学术研究，为期一个月。访校期间，本中心将提供校内住宿和生活津贴。此次邀请纯属学术性质，并不涉及任何工作安排和雇佣合约。谨请以此公函办理赴港手续，并祈早日惠示来港确实日期，俾便安排接待。

李永刚谨上
2008年4月24日

  收到邀请函后，戴茂林首先向中共辽宁省委党校校委作了汇报，然后又通过中共辽宁省委党校校委请示了上级领导，并且得到了上级领导的批准。

  于是，从2008年10月8日至11月6日，戴茂林以访问学者的身份到香港中文大学进修。

  戴茂林之所以提前两天于11月6日来到上海，是因为11月6日他按照组织的要求又参加了上海浦东干部学院举办的教学管理者培训班。

  在香港中文大学进修期间，虽然戴茂林只是在香港中文大学中国研究服务中心作了一次学术报告，但他通过各种办法查阅了该中心收藏的资料，收集了一些对于深入研究中共党史相关问题很有价值的史料。因此，这次不到一个月的香港中文大学研学，对推进戴茂林的中共党史研究事业还是很有意义的。

4. 负责辽宁社会科学院工作后向省委申请回党校任教

  热爱是努力的最大动力，而且为了热爱的事业，也可以辞掉其他工作。

  2013年12月4日，中共辽宁省委发出《关于戴茂林同志职务任免的通知》：

辽宁社会科学院党组：

省委决定：戴茂林同志任辽宁社会科学院党组书记、副院长，免去其辽宁省委党校副校长职务。

中共辽宁省委
2013年12月4日①

2013年12月16日，戴茂林去辽宁社会科学院报到。

戴茂林虽然于1987年就来辽宁工作，但他到辽宁后的工作经历比较单一，只是在省委党校工作了26年。这次省委调他到辽宁社会科学院工作，既是对他以往工作的肯定，也是因为他的特点比较适合辽宁社会科学院的工作。

辽宁社会科学院是一个综合性人文社会科学研究机构，被称为辽宁省委省政府的思想库和智囊团，主要任务是通过哲学社会科学研究成果为辽宁经济社会发展服务。

以哲学社会科学研究见长的戴茂林到这样一个专门从事哲学社会科学研究的机构任职，是人尽其才。戴茂林也没有辜负省委的信任。到社会科学院工作后，他就与班子成员一道，于2014年11月17日制定了《辽宁社会科学院哲学社会科学创新工程建设暂行办法》，提出了新形势下辽宁社会科学院的"五大任务"：

1. 建设马克思主义理论阵地
2. 建设省委省政府新型智库
3. 建设全省哲学社会科学研究学术殿堂
4. 建设全省哲学社会科学研究人才高地
5. 建设全省国际学术文化交流平台②

---

① 辽委干发〔2013〕588号。
② 辽社科字〔2014〕25号。

《辽宁社会科学院哲学社会科学创新工程建设暂行办法》中还确定了"创新工程的重点举措"和"创新工程的保障措施"。

在全体员工的共同努力下,"创新工程"得到了有效落实,新型智库建设取得了明显成效。

离开社会科学院领导岗位后,戴茂林于2018年4月6日向组织递交了《述职报告》,分以下五个方面报告了任职期间的工作情况:

一是履行党组书记职责加强党的建设情况;二是贯彻落实省委省政府重大决策部署围绕全省工作大局开展工作情况;三是勇于创新建设新型智库情况;四是坚定理想信念严守党的政治纪律和政治规矩情况;五是反对"四风"和廉洁自律的情况。

在勇于创新建设新型智库情况中写道:

能够按照中央及省委对中国特色新型智库的要求,努力加强新型智库建设,积极推进哲学社会科学创新工程,创建"服务辽宁影响全国"的新型智库。2015年以来,院党组实施了以下举措:

一是遵循科研规律,对科研人员的科研成果考核由以往的一年一考核改为三年一考核。

二是鼓励科研精品,重新修订了《科研成果后期资助办法》。

三是注重队伍建设,实施青年专才计划。

四是搭建咨询研究成果为决策服务平台,创办了《辽宁智库》。

五是创建专业智库,新组建了"辽宁振兴发展研究中心""朝鲜半岛研究中心""抗战文化研究中心""马克思主义研究中心"等四个专业智库。

然而,虽然在社会科学院工作顺利,但戴茂林于2016年1月14日向中共辽宁省委递交了《到省委党校担任教职的申请》。

提出到省委党校担任教职的起因和缘由,戴茂林在申请中都有叙述,全文如下:

到省委党校担任教职的申请

辽宁社科院党组书记、副院长　戴茂林

尊敬的书记、部长：

习近平总书记2015年12月11日在全国党校工作会议上的讲话中指出："要加强党校同其他党政机关和单位干部交流的力度，畅通人才双向交流渠道，促进学界和政界双向互动，支持学术造诣精深的党政官员应聘到党校担任教职，可以保留其原有的身份、职级。"

我理解总书记这段话中的最后一句有三个关键词：一是"造诣精深"，这是条件，稀松平常不可以；二是"担任教职"，这是定位，去党校不是做官，而是当教师；三是"保留职级"，这是待遇，虽然不当领导但可以保留原有职级和待遇。

基于这种认识，考虑到本人以及省委党校和社科院的实际情况，我申请离开社科院领导岗位应聘到省委党校担任教职。

一、具备到党校担任教职的条件

本人1987年于吉林大学党史专业硕士毕业后应聘到省委党校党史教研室任教员，先后担任教研部副主任、科研处处长、校委委员和副校长，2004年至2012年一直分管党校教学工作。1990年在职读中国人民大学党史专业博士研究生，1996年获法学博士学位，1997年评为教授。2013年12月任辽宁社科院党组书记、副院长。现为二级研究员，享受国务院政府特殊津贴，辽宁省优秀专家。

本人自到党校后一直从事教学科研工作，目前仍是省委党校客座教授。作为一名党史学者，我2011年出版的《高岗传》在国内外产生了较大影响，曾应邀到中央党校、香港中文大学等地做专题学术报告；作为一名智库专家，我2015年撰写的《建议中央按照习近平总书记的相关论述统一规范表述党员干部的"理想信念"内容》一文，得到了中组部部长的肯定性批示，并应邀到中组部参加了相关论证。

二、有利于党校学科建设

省委党校党史学科不仅是省委党校也是我省的重点学科，鼎盛时期达20

多人，曾是省委党校人数最多、实力最强的学科。但如今只有6名教员，而且没有一名正教授。如果本人能应聘到党校担任教职，可以增强党史学科实力，有利于党校学科发展。

三、不影响社科院的工作

我1957年2月出生，如无特殊情况，再有一年也将退职离岗，到人大或政协工作。目前社科院班子团结，院内稳定，发展有序。原院长、党组副书记孙洪敏同志2015年11月离职到省政协工作后，省委于同期派来姜晓秋同志任院长、党组副书记。如果我现在就离开书记、副院长岗位，不但不影响院里的工作，反而有利于现任院长放手开展工作。

鉴于以上情况，我申请应聘到省委党校担任教职。

当否，请领导审定，组织决定，我无条件服从。

申请人：戴茂林

2016年1月14日

从戴茂林的这份申请中可以看出，他之所以"申请离开社科院领导岗位应聘到省委党校担任教职"，一方面是响应习近平总书记在全国党校工作会议上的号召，"加强党校同其他党政机关和单位干部交流的力度"；另一方面也是认为自己"具备到党校担任教职的条件""有利于党校学科建设""不影响社科院的工作"。

然而，虽然戴茂林将《到省委党校担任教职的申请》递交给了省委组织部，然后又与分管的省委副书记和省委组织部部长进行了面谈，可是上级并未批准。

戴茂林在辽宁社会科学院工作到2017年4月，其间于2016年11月被任命为辽宁省人民代表大会常务委员会委员。

十、转岗后仍然继续科研

2017年4月,年满60岁的戴茂林调任辽宁省人大工作,同年7月又被聘为辽宁省人民政府参事。

在省人大工作期间,戴茂林于2017年4月至2018年1月任辽宁省人大民族侨务外事委员会副主任委员,2018年1月至2021年1月任辽宁省人大教育科学文化卫生委员会主任委员。

虽然在省人大的工作非常重要,担任省政府参事也必须尽职尽责,但戴茂林的中共党史研究工作仍然继续,并且取得了重要成果。

1. 转岗省人大后承担了国家社会科学基金项目"中共中央东北局研究"

戴茂林任辽宁省第十三届人民代表大会教育科学文化卫生委员会主任委员后,在省人大常委会的领导下,于2018年6月下旬到7月上旬组织省人大教育科学文化卫生委员会委员对辽宁省中小学生课外负担情况开展了深入调研。

此次调研工作在全国引起了较大反响,2018年9月6日的澎湃新闻报道:

9月6日下午,辽宁省人大召开新闻发布会,由辽宁省人大科教文卫委主任委员戴茂林,就辽宁省中小学生课外负担的调研情况作通报介绍。

戴茂林透露，根据辽宁省人大常委会2018年工作安排，辽宁省人大教科文卫委员会在辽宁省人大常委会副主任杨关林的带领下，坚持问题导向，从6月下旬到7月上旬组成两个调研组，分赴沈阳、抚顺、本溪、铁岭四市，对辽宁省中小学生课外负担情况开展了深入调研。

"调研发现，我省中小学生课外负担存在很多问题。"戴茂林指出，一是校外培训机构鱼龙混杂，过多过乱，"提前教学""超纲教学"等现象严重冲击学校的正常教育；二是校内课后服务未全面开展，导致很多学生走向校外培训机构；三是高额的补课费用成为普通市民家庭的最大支出；四是中小学生因负担过重导致的身体和心理健康堪忧；五是个别公办教师仍然铤而走险违规补课。

戴茂林在发布会上说，调研中发现有相当一部分人认为，补课是你买我卖的市场现象，有钱愿补属个人行为，政府不应干涉，也无权干涉。

"但实际上，当前的补课热早已超出了个体范畴，因为课外负担严重影响了广大中小学生的创新能力和身心健康，补课热已经成为重大的民生问题和社会问题。因此，必须秉持以人民为中心的理念，坚定信心，大胆改革，切实减轻中小学生课外负担。"戴茂林强调道。

针对调研中发现的问题，戴茂林表示，辽宁省人大教科文卫委员会提出了几点对策建议：一是要提高认识坚定解决中小学生课外负担的决心；二是要抓住高考改革的有利契机扭转舆论导向，要通过大力推进高考改革和正确舆论导向使人们认识到"以分为本"的严重危害，把教师和家长引导到素质教育的轨道上来；三是有效规范，从严制定校外培训机构设置的具体标准。

戴茂林指出，国务院2018年8月6日下发的《关于规范校外培训机构发展的意见》将具体的校外培训机构设置标准权下放给了各省，辽宁应抓住契机，由省政府出台最严格的设置标准，严查校外培训机构"强化应试、超标教学、超前教学"等行为。

此外，辽宁省人大教科文卫委员会还提出要认真贯彻落实《教育部办公厅关于做好中小学生课后服务工作的指导意见》，鼓励和支持广大中小学校结合实际积极作为，充分利用学校在管理、人员、场地、资源等方面的优势，主动承担起学生课后服务责任；同时运用科技手段解决优质教育资源供给不足问题，通过"名师云课堂"、鼓励教师制作"微课"等方式让优质教育资源发挥更大作用，解决一些学生"课上吃不饱、课后消化不了"的问题。

最后一条建议是创新监管方式解决教师违规补课问题。戴茂林表示，要通过奖励举报人等方式有效查处各种名目的违规补课，对诱导、胁迫或变相胁迫学生参加补课的教师实行零容忍，一旦查实，严肃处理。

2019年6月5日的《人民日报》以《辽宁将进一步减轻中小学生课外负担》为题作了如下报道：

近日，记者从辽宁省人大常委会新闻发布会上了解到：辽宁将打出"组合拳"，切实减轻中小学生课外负担。省人大教科文卫委员会调研发现，校外培训机构无证无照办学问题基本得到解决，校内课业负担有效减轻。但个别在职教师违规补课、学生课业负担转化为家长负担等问题依然存在。下一步，辽宁将建立教师个人信用记录、诚信承诺和失信惩戒机制，实行师德表现一票否决制；优化课后服务，解决学生"吃不饱"或"吃不好"问题；共享优质资源，积极发展"互联网＋教育"。

虽然在省人大专门委员会工作责任重大，也取得了较好的成绩，但戴茂林并未中断中共党史研究，而且在这期间取得了党史研究的重要成果。

2017年6月，戴茂林收到了全国哲学社会科学规划办公室下达的《2017年国家社会科学基金项目立项通知书》：

戴茂林同志：

经国家社会科学基金学科评审组评审，全国哲学社会科学规划领导小组批准，您申报的国家社会科学基金项目中共中央东北局研究获准立项，批准号：17BDJ014，项目类别一般项目，资助总额20万元。

国家社会科学基金项目"中共中央东北局研究"的预期研究计划是：第一年，收集、整理、考证相关资料，编撰《东北局大事记》；第二年，分专题研究东北局在各个阶段的重要工作，形成《东北局专题研究》；第三年，撰写《中共中央东北局史》。项目计划完成时间：2020年10月30日。

在项目负责人戴茂林和主要参加人赵晓光、李波、戴利研的共同努力下，到2020年7月，预期研究计划已经全部完成。

2020年8月，戴茂林向全国哲学社会科学工作办公室递交了结项材料。

2021年1月28日，全国哲学社会科学工作办公室颁发了结项证书：

项目类别：国家社会科学基金一般项目（批准号：17BDJ014）

项目名称：中共中央东北局研究

负责人：戴茂林

主要参加人：赵晓光　李波　戴利研

证书号：20210077

鉴定等级：优秀

本项目经审核准以结项，特发此证。

全国哲学社会科学工作办公室

2021年1月28日

2. 任省政府参事后加强了咨政建言研究

2017年7月15日，辽宁省人民政府发布了《辽宁省人民政府关于聘任丁桦等29名同志为省政府参事、冯玉萍等7名同志为省文史研究馆馆员的通知》。通知中附有省政府参事和省文史研究馆馆员名单，对戴茂林的介绍是：

戴茂林，省人大常委会委员、民侨外事委员会副主任委员，辽宁社会科学

院原党组书记、副院长[1]

参事并非荣誉称号,必须认真履行工作职责。2021年9月发布的《辽宁省人民政府参事工作制度》明确规定,参事必须履行下列职责:

1. 围绕省政府工作中心开展调查研究,客观反映社情民意,撰写调研报告,积极建言献策,提出具有前瞻性、可操作性的意见和建议,为省政府科学民主决策提供智力支撑。
2. 按照规定,出席或列席省政府召开的相关工作会议,对省政府的工作进行监督,提出意见和建议。
3. 对省政府工作报告、有关法律文件草案和其他重要文件草案提出修改意见和建议,对省政府拟做出的重大决策参与研究,提供咨询意见和建议。
4. 参加爱国统一战线工作,加强统战联谊,参加省政府组织的礼仪、外事、统战联谊等活动,团结更多统战人士。
5. 承担省政府交办的其他工作。[2]

戴茂林在担任省政府参事后,为了履行好参事职责,一方面继续原有的党史课题研究,另一方面结合自己的研究方向,积极建言献策。戴茂林撰写并被有关方面采用了下列文章:

1.《弘扬英模精神,助力振兴发展——关于成立"辽宁英模干部学院"的建议》,载辽宁省人民政府参事室《咨政建言》2017年第9期。
2.《省政府网站辽宁历史沿革和行政区划文字表述亟待修改》,载辽宁省人民政府参事室《咨政建言》2018年第5期。

---

[1]《辽宁省人民政府关于聘任丁桦等29名同志为省政府参事、冯玉萍等7名同志为省文史研究馆馆员的通知》,辽政〔2017〕138号。
[2]《辽宁省人民政府参事工作制度》,辽政参字〔2017〕1号。

3.《关于隆重纪念辽沈战役70周年的建议》，时任中共辽宁省委书记于2018年2月14日作出批示，中共辽宁省委督查室于2018年2月27日发出《督办通知》。

4.《对我省中小学课后服务政策的建议》，载辽宁省人民政府参事室《咨政建言》2019年第4期。

5.《慎用"第一炉钢第一架飞机第一艘巨轮等"的建议》，载辽宁省人民政府参事室《咨政建言》2019年第9期。

6.《关于进一步发挥我省红色资源优势打造革命文物陈列展览精品的建议》，载辽宁省人民政府参事室《咨政建言》2021年第6期。

7.《关于在沈阳建设东北局纪念馆的建议》，载辽宁省人民政府参事室《咨政建言》2021年第10期。

8.《关于将中国人民志愿军烈士遗骸安葬在烈士墓群的建议》，载辽宁省人民政府参事室《咨政建言》2021年第18期。

9.《抗美援朝纪念设施的相关表述要全面、准确，不当之处应高度重视尽快改正》，2021年9月在中央广播电视总台《内参调研》报送，国家有关领导批示。

3. 在建党百年之际承担了辽宁省第一场党史宣讲

"在全党开展党史学习教育，是党的政治生活中的一件大事。"[①] 为了搞好这件大事，中共辽宁省委组建了辽宁省党史学习教育省委宣讲团，戴茂林是省委宣讲团成员之一。

2021年3月23日，中共辽宁省委宣传部下发了《省委宣传部关于党史学习教育省委宣讲团宣讲安排的通知》，提出："为深入推进党史学习教育，省

---

① 引自习近平总书记2021年2月20日在党史学习教育动员大会上的讲话。

委决定开展党史专题宣讲工作，组织省委宣讲团赴各地集中宣讲。"①通知中附有宣讲安排，包括对主讲人的介绍。对戴茂林的介绍是："戴茂林：省政府参事、辽宁大学中共党史研究院院长、党史专业博士、教授。"

2021年3月29日，戴茂林承担了省直机关工委主办的也是辽宁省的第一场党史宣讲。3月31日的《辽宁日报》以《党史学习教育辽宁省委宣讲团在省直机关、省委教育工委宣讲》为题报道：

3月29日，省委宣讲团成员、省政府参事、辽宁大学中共党史研究院院长戴茂林在省直机关作宣讲报告。戴茂林围绕深入学习、深刻领会习近平总书记在党史学习教育动员大会上的重要讲话精神，充分认识开展党史学习教育的重大意义，全面了解中国共产党百年奋斗光辉历程和历史性贡献，深刻把握党史学习教育的重点，深入挖掘我省红色资源、为辽宁振兴发展助力等方面进行系统阐释、深入解读。

省直各单位机关党员干部共260余人参加报告会。报告会后，戴茂林到中共满洲省委旧址作互动宣讲，与党员干部群众面对面交流。

4月2日，戴茂林在中共辽宁省委组织部于中共辽宁省委党校举办的"省管领导干部党史学习教育专题示范培训班"上作了宣讲，4月15日的《辽宁党校报》报道：

近日，党史学习教育省委宣讲团成员、省政府参事、辽宁大学中共党史研究院院长、教授戴茂林来省委党校大讲堂，作了专题报告。

此后，戴茂林又应邀到省委政策研究室等30余家单位进行了党史教育专题授课。

---

① 《省委宣传部关于党史学习教育省委宣讲团宣讲安排的通知》，辽宣电发〔2021〕7号。

中篇

ZHIXUE
JIEDUAN

治学阶段

十一、1984年至1991年主要研究王明问题

戴茂林虽然于1982年大学毕业后即开始到高校讲授中共党史，但他的中共党史研究之路是在1984年跟随曹仲彬导师攻读中共党史专业硕士学位后开始的。

正是因为听了曹仲彬讲授的"中共反左史（民主革命时期）"和"王明问题研究"等课程，戴茂林才将自己的研究方向确定为王明问题研究，将硕士论文题目定为《莫斯科中山大学的纷争》，并在获得硕士学位一年后与曹仲彬出版了《莫斯科中山大学与王明》，然后于1991年与曹仲彬出版了《王明传》，后又独自出版了《王明与莫斯科》。

因此，戴茂林的第一个研究领域是王明问题，主要研究阶段是1984年至1991年。

1.1988年与曹仲彬出版《莫斯科中山大学与王明》

1988年6月，戴茂林与曹仲彬著的《莫斯科中山大学与王明》由黑龙江人民出版社出版。

《莫斯科中山大学与王明》由"戴茂林执笔,曹仲彬指导"[①]。该书之所以由"戴茂林执笔,曹仲彬指导",是因为《莫斯科中山大学与王明》是在戴茂林硕士论文的基础上写就的。戴茂林硕士论文的题目是《莫斯科中山大学的纷争》,导师为曹仲彬,定稿时间为1987年5月。

《莫斯科中山大学的纷争》约12万字,分引言、上下两篇和附录。

引言约2500字,主要论述了研究莫斯科中山大学的意义、莫斯科中山大学的研究状况以及本篇硕士论文的主要内容。

上篇有4章,下篇有6章,各章的题目是:

第一章　莫斯科中山大学简介
第二章　反对旅莫支部错误的斗争
第三章　反对国民党右派的斗争
第四章　反对托派分子的斗争
第五章　王明教条宗派的兴起
第六章　"江浙同乡会"事件
第七章　"第二条路线联盟"
第八章　"左"倾扩大化的"清党"运动
第九章　对"二十八个布尔什维克"缘由的探讨
第十章　王明教条宗派的危害及反对王明教条宗派斗争的意义

附录共有两份:

附录一　莫斯科中山大学大事记
附录二　原莫斯科中山大学学生发表的回忆文章索引

---

① 曹仲彬、戴茂林:《莫斯科中山大学与王明》,黑龙江人民出版社1988年版,第189页。

1988 年 6 月出版的《莫斯科中山大学与王明》共 13 万字，分序言、导论和上下两篇以及附录、后记。

序言约 3000 字，是上海社会科学院顾问陈修良撰写的。陈修良在序言中主要是依据自己的亲身经历介绍了莫斯科中山大学的有关情况和研究价值，认为：

这本《莫斯科中山大学与王明》，对研究中共党史是有参考价值的。①

导论就是《莫斯科中山大学的纷争》中的引言，只是个别文字有些调整。

上篇 4 章，题目和内容与《莫斯科中山大学的纷争》中的上篇基本相同；下篇 5 章，删掉了《莫斯科中山大学的纷争》中"对'二十八个布尔什维克'缘由的探讨"这一章。

两份附录，与《莫斯科中山大学的纷争》中的附录相同。

后记，主要是叙述了有关人士对此书的帮助并表示感谢。

2.1991 年与曹仲彬出版《王明传》

1991 年 5 月，曹仲彬、戴茂林著的《王明传》由吉林文史出版社出版。

虽然戴茂林是 1984 年跟随曹仲彬读硕士研究生后才开始研究王明问题的，但曹仲彬研究王明问题已经有十年之久。

《王明传》的后记是曹仲彬于 1989 年 12 月撰写的，其中有成书经过的详细介绍：

《王明传》的撰写工作，经历整整十年漫长而艰苦的过程。

1979 年，笔者曹仲彬由吉林大学被借调到中国社会科学院现代史研究室，参加李新同志主编的《中国新民主主义革命史》（多卷本）的编写工作。承担

---

① 曹仲彬、戴茂林：《莫斯科中山大学与王明》，黑龙江人民出版社 1988 年版，第 1 页。

撰写"王明路线"的部分，从而步入了研究王明问题的行列。在北京两年的编书工作中，笔者在中国社会科学院现代史研究室资料室、中央党校图书馆、北京大学图书馆、近代史所、北京图书馆、首都图书馆等，查阅了大量历史文献、档案材料、图书资料。同时调查访问了许多了解王明的知情人，从而搜集了许多原始资料。在此基础上笔者萌发撰写《王明传》之念，并且把它变成了行动，开始了长期而艰苦的调查访问、搜集资料和写作。

在吉林大学马列主义教研部的支持下，笔者曹仲彬于1980年底到王明家乡和南方有关地方进行为期三个月的调查访问。以后又于1983年夏再次到全国有关地方进行为期三个月的调查访问。1988年笔者戴茂林参加研究王明问题的行列。是年，由两位笔者和费显清、刘喜发、藏具林、叶建军兵分两路，又在全国有关地方进行了两个多月调研工作。三次调查访问，共访问过106人次，搜集大量珍贵的新资料。

在这几次调查访问中，安徽省金寨县委党史办、码头村、六安市、地党史办、芜湖市党史办、泾县云岭乡、武汉市党史办、武汉八路军办事处纪念馆、武汉市档案馆、上海党史办等单位给与了积极支持与大力帮助。

在这几次调查访问中，王明的亲属汪向荣、甘宁、王营、孟雅、陈绍华、赵文媛、陈绍构；乡亲刘世香、陈家川、朱少轩、程宗矩、但祖树、金泽明、刘明之、桂仙武、叶新华、吴述应、陈享俭；王明身边的工作人员田书元、巴方廷、鲜克德、陈永禄、江成；王明生前同学、同事和知情者王逸常、桂尊秋、许凌青、杨献珍、张琦、庄东晓、西门宗华、黄秀珍、宋伟、袁孟超、王盛荣、李元杰、陈修良、黄理文、季陶达、杨成芳、刘英、毛齐华、张宗文、李一几、吴福海、毛静仙、梁孝儒、杨树亚、姜长林、罗章龙、张金保、黄平、徐彬如、宋侃夫、李初黎、易坚、唐宏经、罗晓红、邵珍、徐大妹、黄瑜然、郭述申、吴化文、胡允恭、丁廷消、李宗邺、黄旭初、洪扬生、黄树则、金茂岳、黎平、李光灿、陈甫子等人热情接待我们，提供了不少有宝贵价值的资料、线索，给我们以巨大支持和帮助。

在几年研究王明问题和调查访问基础上，笔者曹仲彬从1985年开始，为吉林大学的84级、85级、87级党史硕士研究生开设"王明问题研究"课程，上编是"王明传记研究"，下编是"王明思想研究"。两位笔者还撰写并发表了八篇有关王明的文章，出版了《莫斯科中山大学与王明》，这些都为最后写作《王明传》打下了基础。

撰写《王明传》对王明的一生进行评述是一项艰巨而复杂的任务。我们本着这样的精神开始了撰写工作：

1. 以马克思列宁主义、毛泽东思想为指导，以《关于若干历史问题的决议》为依据，凡《毛泽东选集》和遵义会议后历次中央决议有结论的，就按照中央的结论写。一些具体问题中央文件没有涉及的，就按照中央决议精神，结合历史事实，加以评述。

2. 按照中央文件精神，把握住王明错误性质，是写好本书的一个关键问题。王明是土地革命战争时期"左"倾冒险主义和抗日战争中的右倾投降主义的代表人物。《关于若干历史问题的决议》曾给他的错误定性，并得到大家的公认。根据区别两类不同性质矛盾学说来衡量，当时，他不属于敌我矛盾，而属于党内错误。正因为如此，七大时毛泽东仍提名他为中央委员，新中国成立后安排他很高的行政职务。党的七届二中全会曾决定让他写个声明书，可他拖延不写，直到七届三中全会通过《关于王明同志的决定》后，他仍拖延不写，甚至于1955年10月2日，在七届六中全会前夕他还给中央写信"请求中央解除我的中央委员的职务"。可是，八大时，他在缺席情况下仍被选为中央委员。可见，中央对他的问题的处理是极为慎重的。"文化大革命"中，他在苏联写了许多赤裸裸攻击与污蔑毛泽东和党中央、大肆为自己错误翻案的文章与书籍，发展到十分严重程度，这一时期中央对他没有作出任何决议，也没有开除他的党籍。这一点他和陈独秀、张国焘不同，我们在写作时应把握住这个基调，否则就难以写好。

3. 按照历史真实面目，实事求是，全面评价王明，也是本书坚持的一个原则。王明虽然被定性为犯有"左"倾错误的代表人物，但他一生也为党和人民做过一些有益的工作。虽然他的"过"远远大于他的"功"，但毕竟他还是位既有功又有过的人。当我们深入调查和研究，发现社会上流行一些说法和党史文章中一些评价，如王明家庭成分、他入党和去莫斯科中山大学的过程，在起草《八一宣言》和建立抗日民族统一战线中的作用，"王康指示信"在东北的影响与作用，甚至他在长江局工作期间的作用等等方面，都与某些评价有出入。对此，我们在写作中本着按照历史本来面目,坚持从真实的历史资料中作出评价与结论的原则,实事求是,全面地评价王明一生的功过。

本着这些原则,经过艰苦努力,两位笔者合著了这本《王明传》。本书先由曹仲彬起草六章初稿,戴茂林起草四章初稿,后由戴茂林统稿和曹仲彬定稿。①

从《王明传》的成书经过中可见,这本人物传记的最大特点,就是史料丰富,尤其是有大量珍贵的访谈史料。

曹仲彬在被借调到中国社会科学院现代史研究室期间,不仅在中国社会科学院现代史研究室资料室、中央党校图书馆、北京大学图书馆、近代史所、北京图书馆、首都图书馆等单位查阅了大量历史文献、档案材料、图书资料,两位作者还三次到全国各地进行调研访谈,共访问过106人次,收集了大量珍贵的新资料。

为了写一本人物传记访谈了106人次,三次集中调研访谈的时间长达8个多月,这在党史人物撰写中确实比较少见。

此外,后记中提到的写作此书的"三原则",尤其是"实事求是,全面评价"的原则,也是本书的一大特色。

从《王明传》的后记中可知,戴茂林是1988年参加研究王明问题的行列的,"两位笔者还撰写并发表了八篇有关王明的文章,出版了《莫斯科中山大学与王明》,这些都为最后写作《王明传》打下了基础"。

戴茂林和曹仲彬合著的这本《王明传》,"先由曹仲彬起草六章初稿,戴茂林起草四章初稿,后由戴茂林统稿和曹仲彬定稿"。

3.2013年出版《王明与莫斯科》

导师曹仲彬于2010年4月13日逝世后,戴茂林于2013年5月由辽宁人

---

① 曹仲彬、戴茂林:《王明传》,吉林文史出版社1991年版,第500-502页。

民出版社独自出版了《王明与莫斯科》。

已经出版了《莫斯科中山大学与王明》《王明传》，为什么还要撰写《王明与莫斯科》呢？该书的后记中有如下说明：

> 党史人物研究与史学研究一样，没有永远的绝对正确，只有更加的相对准确。任何研究成果都是现阶段的成果，不变的历史总会被变化的研究者利用新的史料从不同的角度一次次揭开。
>
> 这部书，主要是利用了《共产国际、联共（布）与中国革命档案资料丛书》中的史料，来弥补以往研究中的过错。①

"党史人物研究没有永远的绝对正确，只有更加的相对准确"，是戴茂林从事王明研究、高岗研究的个人体会，指的是党史人物研究中的具体史实需要不断发掘新的史料，并不是说对党史人物的评价"没有永远的绝对正确"。

这部书主要是利用了《共产国际、联共（布）与中国革命档案资料丛书》中的史料来弥补以往研究中的过错，书中大量引用了中共中央党史研究室第一研究部编的《共产国际、联共（布）与中国革命档案资料丛书》中的资料，对以往论述不准确的地方进行了修正。

《王明与莫斯科》一书的原来书名叫《解密档案中的王明》，该书是经中共中央党史研究室审查后出版的。中共中央党史研究室专家在"审读意见"中认为：

> 王明在中国共产党历史上是一个比较特殊的人物。他曾犯过严重的"左"的和右的错误，也为中国抗日民族统一战线的建立作出过重要贡献，特别是作为中共驻共产国际代表期间，对东北抗日联军采取正确的统一战线政策给予了直接指导。在中国共产党人中，他与莫斯科的关系是最为长久和最为密切的，也留下

---

① 戴茂林：《王明与莫斯科》，辽宁人民出版社2013年版，第322页。

了许多让人疑惑的问题。由于王明特殊的经历,所以对于他的生平人们还是非常感兴趣的。前些年出版的《王明传》《王明评传》,就是我国专家学者对于王明研究最为显著的成果。该书稿的作者戴茂林,即是《王明传》的作者之一。

在这个书稿中,作者充分利用了近几年来公开的共产国际、联共(布)与中国革命的档案资料,对王明与莫斯科的关系、王明与中国共产党的关系进行了重新梳理和研究,对于此前由于档案资料缺乏而未搞清的问题,在书稿中根据新解密的档案资料进行了初步分析。与《王明传》相比,这个书稿在许多有关王明生平的问题上,特别是关于王明与米夫的关系、与六届四中全会的关系、王明宗派的形成等,都有了新的发现和新的判断。

该书政治导向正确,重大史实准确。①

正式出版时书名改为《王明与莫斯科》,是因为该书重在阐明:为什么王明这位有着49年党龄的中共党员,住在异国他乡莫斯科的时间竟然有31年。

对此,该书的引言中写道:

当我们打开王明的人生画卷时,一个奇特的现象立刻呈现在我们的面前:这位有着49年党龄的中共党员,住在异国他乡莫斯科的时间竟然有31年。
也就是说,作为中国共产党人的王明,三分之二的时间是在苏联。
为什么一位中国共产党的重要领导人,要在异国他乡待如此之长的时间?
31年的莫斯科经历,与"'左'倾教条主义代表"的称谓,有无必然的联系?
让我们运用新的档案资料,通过解析王明的人生轨迹,来回答这些历史谜团吧。②

由此可见,这本书是希望运用新的档案资料,通过解析王明的人生轨迹,来回答"为什么一位中国共产党的重要领导人,要在异国他乡待如此之长的时间"。

---

① 《解密档案中的王明》一书的审读意见,中共党史研究室科研管理部,2010年8月17日。
② 戴茂林:《王明与莫斯科》,辽宁人民出版社2013年版,第1—3页。

4. 发表研究王明和"左"倾的学术论文 13 篇

戴茂林在王明问题研究领域，还公开发表了以下 13 篇学术论文：

（1）《王明去莫斯科中山大学及回国时间考》，载《党史研究资料》1987 年第 3 期。

（2）《试论王明"左"倾冒险主义对"九一八"学生运动的影响》，载《青少运史研究》1988 年第 4 期。

（3）《试论传统文化与"左"倾错误的渊源》，载《福建党史月刊》1988 年第 5 期，中国人民大学书报资料中心复印报刊资料《中国现代史》1988 年第 7 期转载。

（4）《莫斯科中山大学》，载《党史纵横》1989 年第 1 期。

（5）《王明是怎样出国去莫斯科中山大学的》，载《党史研究资料》1989 年第 1 期。

（6）《王明在〈中共五十年〉中的一个谎言》，载《革命春秋》1989 年第 2 期。

（7）《也谈"江浙同乡会"冤案的由来》，载《党史研究资料》1989 年第 12 期。

（8）《评〈我们对于保卫武汉与第三期抗战问题底意见〉——兼与夏钢同志商榷》，载《武汉党史》1991 年第 3 期。

（9）《驳王明对毛泽东的一则诬陷》，载《人民论坛》1994 年第 2 期。

（10）《试析党的历史方位的变化与"左"倾右倾表现的同异》，载《党政干部学刊》2003 年第 6 期，《北京党建》2004 年第 3 期转载。

（11）《"二十八个半布尔什维克"之说的来龙去脉》，载《北京日报》2009 年 4 月 27 日。

（12）《关于王明研究中几个问题的考证》，载《中共党史研究》2010 年第 12 期。

（13）《六届四中全会前后有关王明研究的几则史实辨析》，载《中共党史研究》2011 年第 11 期。

虽然关于王明研究中的史实并非都是党史研究中的重要问题，但对于王明问题研究而言，都是应该以史为据考证清楚的。例如，发表于《中共党史研究》2010年第12期的《关于王明研究中几个问题的考证》一文，就对7件史实提出了与以往不同的观点：

第一，王明不是1929年3月回国的，"王明抵沪时间至少在5月6日以后"。

第二，王明的《两条路线》小册子不是从1930年10月中旬开始写的，"正式开始写作的时间应当在10月底或11月初"。

第三，王明在1930年10月23日之前尚不知"十月来信"精神，"王明等人知道'十月来信'精神的时间约在1930年10月末或11月初"。

第四，"国内外目前关于米夫来华时间的认定都是错误的，米夫来华的时间是11月中旬"。

第五，"王明确实在米夫来华后的一个月内，不知米夫已经来到上海"。

第六，王明1931年10月离沪赴苏，不是"为了个人安全主动要求去"的，而是以下三个因素综合作用的结果："第一，共产国际明确要求中共派一名领导同志任驻共产国际执委会代表；第二，党的活动重心转向苏区，上海白色恐怖不断加剧，迫使远东局和中共主要领导人相继撤离上海；第三，米夫负责共产国际东方书记处的工作，希望王明来苏帮助。"

第七，王明1937年11月回国不是"蒋介石派人请回来的"，"共产国际认为毛泽东等中共领导对抗日民族统一战线的实质和特点认识的'不够清楚'，才是派王明回国加强中共领导的主要原因"。

十二、1992 年至 1995 年主要研究东北救亡总会

戴茂林是 1990 年参加中国人民大学博士生考试，1991 年以国内访问学者的身份在中国人民大学进修学习一年的。但由于进修的一年间主要是为了完成博士学位研究生的五门功课以及综合水平考试，所以，跟着彦奇导师研究中国民主党派史实际上是从 1992 年开始的。

彦奇教授是国内著名的政党史研究专家，主要研究方向是中国各民主党派史。

因为东北救亡总会是在中国共产党领导下的以东北流亡同胞为主体的抗日救亡群众团体，主要领导人多为民主人士，也属于民主党派史研究范畴。所以，他在导师指导下确定的博士学位论文题目是《东北救亡总会研究》。

虽然戴茂林博士毕业后没有继续从事中国民主党派史研究，但在彦奇导师指导下开展的东北救亡总会研究不仅拓展了他的研究领域，更提高了他的研究境界，对他后来的中共党史研究事业有很大的帮助。

1. 博士学位论文定为"东北救亡总会研究"

戴茂林在跟随彦奇导师攻读博士学位期间，研究方向有一个从"毛泽东的统战思想"到"东北救亡总会"的转变。

1991 年在中国人民大学进修学习期间，戴茂林虽然也在思考自己将来的博士论文选题，但由于主要任务是完成博士学位研究生课程，所以论文题目并未确定。回到单位后，戴茂林就想换个角度，虽然彦奇导师的主要研究方向是中国民主党派史，但他由于并没有研究民主党派史的基础，因此，他想研究毛泽东的统一战线思想。

戴茂林研究了一段时间的毛泽东统一战线思想后，觉得有些研究体会，就想把此领域作为博士学位论文研究方向。所以，戴茂林就利用去北京的机会，向彦奇导师作了汇报。但是，导师听了他的汇报后明确表示，虽然毛泽东的统一战线思想非常重要，有时间也可以研究，但作为博士学位论文，毛泽东的统一战线思想过于宽泛，应该选择一个更为具体的方向。

后来的事实证明，导师的教导是英明的。因为确实如导师所言，毛泽东的统一战线思想可以研究，但是申请博士学位，要有自己的研究领域，而且这个领域不怕小，怕的是空。

正是在导师的教导和指引下，戴茂林的博士学位论文才选定为"东北救亡总会研究"。

2. 到长春、北京、武汉、重庆等地搜集《反攻》半月刊

《反攻》半月刊是东北救亡总会的会刊，也是研究东北救亡总会的主要资料。因此，研究东北救亡总会的重要基础工作，就是搜集《反攻》半月刊。

之所以要"搜集"《反攻》半月刊，是因为迄今为止，尚没有一家图书馆、一家档案馆有一套完整的《反攻》半月刊。

《反攻》半月刊是 1938 年 1 月在武昌创刊的，同年 10 月，东北救亡总会撤出武汉来到重庆后，《反攻》半月刊也迁到了重庆出版。1942 年 5 月，东北救亡总会被国民党取缔后，《反攻》半月刊仍然以主编人和发行人的名义继续坚持出版。一直到 1945 年 8 月抗日战争胜利结束，《反攻》半月刊才在 9 月 18 日出版的最后一期"胜利号"上刊载了《停刊启事》，完成了历史使命。

《反攻》半月刊自1938年1月创刊到1945年9月停刊，共出版了17卷94期，被称为"抗战中生命最长刊物之一"[①]。然而，这份"抗战中生命最长刊物之一"的期刊，是在辗转各地饱经磨难中坚持创办的。所以，全国各地的图书馆和档案馆都没有一套完整的《反攻》半月刊。

因此，确定以"东北救亡总会研究"为博士学位论文题目后，首要任务就是到各地去搜集《反攻》半月刊。

戴茂林至今保存着在全国各地复制的《反攻》半月刊，还有一份当时写下的《〈反攻〉搜集情况》：

《反攻》搜集情况（画圈者只有目录）

一卷：1、2、4、6期。印于北图，尚缺3、5期。

二至八卷：全有。印于吉大、北图两地。

九卷：1、2、3、4、5、6期。印于吉大。

十卷：1、2、3、4、⑤、6期。5期目录抄于重庆，其余印于吉大。

十一卷：1、2、4、⑤、⑥期。5、6期只有在重庆抄的目录，其余印于吉大。

十二至十三卷：全有。印于北图。

十四卷：1、2、3、4、⑤、⑥期。北图印1、2、3、4，重庆抄5、6目录。

十五卷：1、2期。印于北图，可能只有2期。

十六卷：1、2、3期。印于吉大，只有3期。

十七卷：1、2、3、4、5期。只有5期。前4期印于北图，第5期印于白竞凡处。

总计：《反攻》出版了17卷94期，现已搜集92期（但有5期只有目录），尚缺一卷的3、5期。

从这份"《反攻》搜集情况"中可见，他当年搜集的92期（有5期只有目录）

[①]《停刊启事》，《反攻》第17卷第5期，1945年9月18日。

《反攻》半月刊,主要是在吉大(吉林大学图书馆)和北图(北京市图书馆)复制的,在重庆抄录的几期只有目录。此外,《反攻》半月刊的最后一期"胜利号",是他从白竞凡老人家中复印的。

但是,很遗憾,至今还有2期《反攻》半月刊没有找到。所以,他只好在博士学位论文中写道:

《反攻》共出版了17卷94期,笔者在北京、武汉、重庆、长春等地共搜集了92期,尚有两期未见到。①

3.《反攻》半月刊介绍在《抗日战争研究》发表

虽然戴茂林的研究方向是东北救亡总会,但在这个研究领域最先发表的成果是介绍东北救亡总会的会刊:《〈反攻〉半月刊评述》《〈反攻〉半月刊介绍》。

1995年7月18日,"全国党校系统纪念抗日战争、世界反法西斯战争胜利和党的七大召开五十周年学术研讨会"在延安召开。"会议共收到论文161篇,经过阅评筛选,会议印发80篇。"②戴茂林撰写的《〈反攻〉半月刊评述》是入选论文之一。

《〈反攻〉半月刊评述》的主要内容是评述《反攻》半月刊"为中国抗日战争的胜利作出的重要贡献",概括了四个方面:

第一,《反攻》名为东总会刊,实则是抗战时期中共在国民党统治区直接领导的重要期刊之一。

第二,《反攻》是东北流亡同胞"打回老家去"的战斗旗帜,也是维系关

---

① 戴茂林:《东北救亡总会研究》,中国人民大学1995年博士学位论文,第39页。
② 中共中央党校科研部编著:《论抗日战争》,中国人事出版社1996年版,第9页。

内东北流亡同胞团结抗战的一条纽带。

第三，《反攻》是抗战时期各党派共议抗战主旋律的阵地之一。

第四，《反攻》是"抗战中生命最长刊物之一"。①

1996年11月，戴茂林撰写的《〈反攻〉半月刊介绍》一文在中国抗日战争史学会主办、中国社会科学院近代史研究所编辑的《抗日战争研究》1996年第4期发表。

《〈反攻〉半月刊介绍》的主要内容是分"武汉时期的《反攻》半月刊""重庆时期的《反攻》半月刊""东总被取缔后的反攻杂志社"，介绍了《反攻》半月刊在不同时期的出版情况，并对《反攻》半月刊在各个时期的特点和作用进行了评述。

可以这样讲，《〈反攻〉半月刊评述》和《〈反攻〉半月刊介绍》这两篇文章，不仅对《反攻》半月刊作了详细介绍并评述了该刊"为中国抗日战争的胜利作出的重要贡献"，而且也为戴茂林的东北救亡总会研究奠定了坚实的基础。

4.1996年出版《八年抗战中的东北救亡总会》

戴茂林于1996年获得博士学位之后，博士学位论文《东北救亡总会研究》于1996年以《八年抗战中的东北救亡总会》为书名由东北大学出版社出版。

《八年抗战中的东北救亡总会》一书中的主要内容与博士学位论文《东北救亡总会研究》中的主要内容是一致的，都是以下6章：

第一章　东北救亡总会成立前关内东北救亡团体的演变

第二章　东北救亡总会的成立与巩固

---

① 中共中央党校科研部编著：《论抗日战争》，中国人事出版社1996年版，第426—429页。

第三章 "东总"在武汉

第四章 "东总"三大分会的建立与活动

第五章 "东总"在重庆

第六章 坚守《反攻》阵地，迎接抗战胜利①

不同的是，《八年抗战中的东北救亡总会》在附录中收录了《反攻》半月刊发表的以下24篇文章：

1. 邓颖超：《献给流亡关内的东北同胞》
2. 胡绳：《统一战线在前进中》
3. 蓝渤：《一年来关内东北人民的救亡运动》
4. 于毅夫：《〈反攻〉两周年》
5. 高崇民：《冷言冷语录（九则）》
6. 阎宝航：《七年来东北同胞的奋斗》
7. 陈先舟：《东北知识青年应有的时代认识》
8. 王卓然：《胜利在望与东北省府》
9. 王化一：《给东北青年们》
10. 广声：《七七抗战后的东北抗日联军》
11. 冯玉祥：《把日本强盗完全赶出中国去》
12. 沙千里：《中国宪政运动的回顾与展望》
13. 韩幽桐：《第二次世界大战的起点》
14. 张友渔：《现阶段的国际形势》
15. 青山和夫：《日本投降问题》
16. 《发刊词》
17. 《为纪念"七七"痛告东北同乡书》

---

① 戴茂林、邓守静著《八年抗战中的东北救亡总会》，东北大学出版社1996年版，第1-2页。

18.《东总华北分会东进工作团告东北同胞书》
19.《东北救亡总会反对汪逆成立傀儡组织通电》
20.《纪念"九一八"十一周年》
21. 华而实:《西战场的出版事业》
22. 仲航(译):《华北游击队的奋斗》
23. 丘琴:《募寒衣(工作特写)》
24. 许凌青:《反攻三部曲》[①]

之所以收录这些文章,该书的前言中有如下叙述:

我们在研究进程中,访问了一些当事人,也在长春、北京、重庆等地搜集了一套东总会刊——《反攻》杂志。《反攻》在当时是国统区呐喊抗战到底的重要期刊,在今天则是研究东总以及国统区抗日救亡民主运动的重要史料。为读者研究方便,本书特将一些共产党人、东总负责人以及著名民主人士在《反攻》上发表的重要文章各选一篇附后,同时也将《反攻》发表的一些能够反映东总特点、《反攻》概况以及史料价值较高的文章一并附上。[②]

[①] 戴茂林、邓守静:《八年抗战中的东北救亡总会》,东北大学出版社1996年版,第2-3页。
[②] 戴茂林、邓守静:《八年抗战中的东北救亡总会》,东北大学出版社1996年版,第2页。

十三、1995年至2015年主要从事高岗问题研究

迄今为止，戴茂林研究时间最长的领域，是高岗问题。

研究高岗问题，始于1995年中标了中共党史人物研究会的"高岗传"课题。

2002年4月，戴茂林和同事赵晓光撰写的5万余字的《高岗传》在《中共党史人物传》第82卷发表。

由于在撰写《高岗传》期间遍访知情者搜集了大量珍贵史料，所以，他们在完成中共党史人物研究会的"高岗传"课题后，又进一步研究并撰写了34万字的《高岗传》，于2002年7月与陕西人民出版社签订了出版合同。

然而，为高岗做传有"三难"，其中一难就是"出版发表难"。

2003年7月，新闻出版署图书出版管理司决定"撤销《高岗传》选题"。

《高岗传》选题被撤销虽然人人延迟了该书面世的时间，但同时也增加了深入研究高岗问题的时间。所以，经过进一步的研究和反复的审查，《高岗传》终于在2011年4月由陕西人民出版社出版。

在此基础上，戴茂林独著的《"毛泽东查刘少奇档案"真相调查》于2016年1月由中共中央党校出版社出版。

1. 中标了无他人申报的"高岗传"课题

全国的中共党史人物研究会成立于1979年，其主要任务就是编辑出版《中共党史人物传》。

编辑出版《中共党史人物传》确实是中共党史研究中的一件大事，得到了党和国家领导人、革命前辈的关心和支持。陈云亲自题写书名，李鹏致信给予充分肯定。

李鹏于1986年4月20日致中共党史人物研究会、陕西人民出版社的信中写道：

《中共党史人物传》的审定、编辑和出版是一件很有意义的工作，它对研究中国革命史、党史、军事，教育后代继承和发扬光荣革命传统起着重要作用。[①]

《中共党史人物传》的出版程序，是写作者个人向中共党史人物研究会申报，经中共党史人物研究会审核批准后撰写，撰写后的稿子报中共党史人物研究会审查，审查通过后出版。

因此，申报撰写什么人物，是第一关。

戴茂林是与省委党校党史教研室同事赵晓光于1995年向中共党史人物研究会申报"高岗传"的。之所以申报"高岗传"，当然与戴茂林有研究王明的经历有关，但他当时确实没有多想为高岗做传是否能够出版的问题，只是认为中共党史人物传中应该有高岗的传记。

到1995年，《中共党史人物传》的影响力已经很大了，申报撰写党史人物的作者是比较多的。尤其是一些热门人物，经常是几十人申报一个人物。

然而，戴茂林后来得知，"高岗传"除他们之外，并无他人申报。

戴茂林从1995年中标了中共党史人物研究会招标的"高岗传"课题后，

[①]《中共党史人物传》（精选本1），人民日报出版社、中央文献出版社2001年版，第1页。

便开始了长达20年之久的高岗问题研究。

2. 遍访知情者拓宽了研究高岗问题的视野

中共党史人物研究会招标的"高岗传"之所以除他们之外无他人申报，是因为"为高岗做传是件难事"。

15年后，戴茂林在《高岗传》一书的后记中开篇就写道：

为高岗做传，是件难事。
收集资料难，论证评价难，出版发表难。①

在中标了中共党史人物研究会的"高岗传"课题时，戴茂林虽然还没有像后来那样深感写《高岗传》有"三难"，但戴茂林也清楚，要想写出合格的《高岗传》，首先必须下大力气搜集史料。

因此，承担了《高岗传》的写作任务后，戴茂林和同事先在沈阳，后到北京，开始搜集有关文献资料。然后，他于1995年7月17日来到延安地委党史办和延安革命纪念馆查阅有关资料，又于7月21日到陕西省委党史研究室查阅有关资料。

在图书馆、档案馆、党史研究室等单位查阅有关资料后，戴茂林发现，研究高岗问题，撰写《高岗传》，确实不同于一般的人物研究，仅靠现有的文字资料是远远不够的，必须挖掘新的史料，尤其是要访谈相关知情者了解更多的史实。

因此，从1998年9月开始，戴茂林与同事先来到高岗的家乡陕西省横山县武镇乡高家沟村，然后又在北京、沈阳等地访问了有关知情者，搜集了很多以往所不知的重要史料。

---

① 戴茂林、赵晓光：《高岗传》，陕西人民出版社2011年版，第483页。

为中共党史人物研究会撰写的《高岗传》是在《中共党史人物传》第82卷发表的，此时已经是2002年4月了。但实际上，他们在1999年就完成了《高岗传》的写作任务并将5万多字的书稿交给了中共党史人物研究会。也就是说，中共党史人物研究会1995年招标的"高岗传"课题，戴茂林是在4年后的1999年完成的。

戴茂林后来整理了一份《高岗问题访谈录》，收录了从1998年到2008年访谈高岗问题知情者的47篇谈话记录。其中，在1999年之前（含1999年）的访谈录共有以下10篇：

（1）高生买访谈录（1998年9月20日）
（2）座谈会谈话录（1998年9月20日）
（3）李力群访谈录（1998年11月21日）
（4）杨芝芳访谈录（1998年11月22日）
（5）赵家梁访谈录（1998年11月23日）
（6）赵家梁访谈录（1999年2月2日）
（7）李力群访谈录（1999年2月3日）
（8）赵家梁访谈录（1999年3月24日）
（9）郭峰访谈录（1999年5月9日）
（10）郭峰访谈录（1999年6月11日）

上述访谈录中，高生买是高岗的侄子，座谈会谈话录是在高岗的家乡邀请5位知情者开座谈会时的谈话记录，杨芝芳和李力群是高岗的前后任妻子，赵家梁是高岗的秘书，郭峰曾任中共中央东北局组织部部长。

需要说明的是，他们此时虽然只进行了10次访谈，但这些访谈资料不仅比较好地奠定了完成中共党史人物研究会"高岗传"课题的写作任务，更重要的是拓宽了研究高岗问题的视野，为后来的高岗问题研究奠定了重要基础。

3.5万字的《高岗传》在《中共党史人物传》第82卷发表

《中共党史人物传》第82卷于2002年4月由中央文献出版社出版，共有10位人物：郭沫若、刘晓、钱信忠、陈瑾昆、李昌、伍云甫、王如痴、李任之、彭述之、高岗。

虽然高岗排在最后一位，但这是戴茂林在高岗研究领域发表的第一项成果。

按照《中共党史人物传》的编写惯例，每个人物传的最前边是一段对此人的整体评价。

对高岗的评价是：

高岗，1927年加入中国共产党，西北革命根据地的主要创建人之一。抗日战争胜利后，高岗参加了北满解放区的创建和东北解放战争的领导工作。东北解放后，高岗担任东北人民政府主席、东北局书记，在领导东北地区的经济恢复和建设，在负责抗美援朝战争的后勤保障等工作中都作出了重大贡献。在第一届中国人民政治协商会议上，高岗被选举为中央人民政府副主席。高岗1952年10月调中央工作，在担任国家计划委员会主席期间，做了一些有益的工作。但由于他个人野心膨胀，走上了分裂党的道路，于1954年8月17日自杀身亡。[①]

《中共党史人物传》是中共党史人物研究会编的，中共党史人物研究会的名誉会长是邓力群，会长是李力安，执行主编是陈志凌。虽然《中共党史人物传》第82卷只有10个人物的传记，但参加该卷编审的副主编有7位，审稿人员有15位。[②] 由此可见，《中共党史人物传》的编辑和审查是很严格的。

在这篇经严格审查后发表的关于高岗的评价中，有以下几个观点需要强调：

第一，西北革命根据地的主要创建人之一。

[①]《中共党史人物传》第82卷，中央文献出版社2002年版，第406页。
[②]《中共党史人物传》第82卷，中央文献出版社2002年版，扉页。

第二，参加了北满解放区的创建和东北解放战争的领导工作。

第三，在领导东北地区的经济恢复和建设，在负责抗美援朝战争的后勤保障等工作中都作出了重大贡献。

第四，在担任国家计划委员会主席期间，做了一些有益的工作。

第五，由于个人野心膨胀，走上了分裂党的道路，于1954年8月17日自杀身亡。

关于高岗的这5点评价虽然是20年前的评价，但今天看来，这些观点也是值得深思的。

4. 35万字的《高岗传》于2002年7月签订出版合同但一年后被撤销

1999年完成了中共党史人物研究会招标的"高岗传"课题后，戴茂林与赵晓光在此基础上进一步研究，于2001年末完成了35万字的《高岗传》。

2002年7月18日，《高岗传》作者与陕西人民出版社签订了图书出版合同，约定：

甲方应于2002年8月1日前将上述作品交付乙方。

乙方应于2002年12月31日前出版上述作品。

他们是2002年5月将书稿交给陕西人民出版社的。戴茂林在书稿的后记中很乐观地写道：

我们自1995年承担了中共党史人物研究会招标的"高岗传"后，历经7年，终于在《中共党史人物传》第82卷（2002年4月由中央文献出版社出版）中，发表了5万余字的《高岗》一文，完成了此项研究课题。同时，这部35万字的《高岗传》也终于由陕西人民出版社出版。

书稿的初次审查也确实很顺利。中共中央党史研究室专家的"《高岗传》

审读意见"中写道：

本书是一部严肃的著作。作者在 1995 年承接、写作并公开发表中共党史人物研究会选题《高岗传》（传略）的基础上，经几年的努力，写出这样一部难度很大的传记，以比较客观、审慎的科学态度，填补了中共党史人物传记的一项空白。这是本书的学术价值之所在。

一、本书的传主，在中国革命的几个关键时期为党的事业发展作出过重大贡献，在新中国成立初年，也做过不少有益的工作，但终因功高位重，个人野心膨胀，走上了分裂党的道路，从昨日功臣落得自绝于人民的结局。对于这样一个极其复杂的党史人物，本书作者以历史唯物主义的观点和辩证思维的方法，用较长时间收集整理了大量历史资料，包括陕西、辽宁等地档案馆提供的珍贵史料，尤其是多次走访传主的夫人、秘书、战友、亲属，寻访了传主生长、工作过的地方，在做了扎实的基础工作的前提下，所写的这部传记具有较高的可信度、准确性和资料研究价值。

二、本书的传主曾长期担任党和政府重要方面的负责人，是革命和建设时期许多重大事件的参与者。作者以较厚实的资料积累，广征博引，对传主所涉及的一些重大事件的来龙去脉作了梳理，包括西北高干会议、夺取东北战略方针的实施、东北经济恢复的政策把握、抗美援朝的后方工作、有关富农、互助合作及工会问题上党内的意见分歧等，对以往的材料作了较系统的叙述和综合分析，提出一些新的见解。历史叙述和分析评价在总体上比较客观、公正，没有主观随意的贬抑或拔高。对于高岗事件发生、发展的历史脉络以及党中央、毛泽东的对策和处理，运用了近年出版的《杨尚昆日记》《陈云年谱》以及张秀山等当事人的采访记录等最新材料，作了多侧面、多例证的叙述，有关评论要言不烦、简明得当，予人以警示和深思。

三、本书对高岗事件的评价，严格遵照了党的十一届六中全会的历史决议的基本结论和邓小平有关讲话的基本精神，又从执政党建设的角度，对党由领导人民夺取全国政权向领导人民掌握全国政权、开展大规模经济建设转变过程中这一历史事件发生的社会背景、前因后果以及这场斗争对加强党的团结的重大意义及影响，作了既尊重历史又结合现实的深层分析，较好地处理了这一题材所带有的特殊敏感性，恰当地把握了政治尺度。书中没有政治观点的不妥及泄密问题。

四、为使书稿进一步提高质量，建议在个别地方作些修改和技术处理。

……

不过，很可惜，《高岗传》在二次送审时被毙了。

2003年6月18日，中共中央文献研究室科研管理部给原新闻出版总署图书出版管理司发了这份函：

新闻出版总署图书出版管理司：

4月2日图管字〔2003〕第130号函收到。陕西人民出版社拟出版的《高岗传》书稿，我室有关部门组织审阅后认为，对高岗这样的人物，试图描写介绍他整个一生，以大部分篇幅反映他的历史功绩，这在读者中可能会产生较大的负面影响。该书稿涉及陕北红军、西北根据地和新中国成立前后东北工作有关的一些敏感、有争议的问题和人物，也是很难把握的。建议慎重考虑这本书的出版问题。特此函复。

中央文献研究室科研管理部
2003年6月18日 [①]

2003年7月9日，新闻出版总署图书出版管理司给陕西省新闻出版局发来《关于撤销〈高岗传〉选题的函》：

陕西省新闻出版局：

陕新出图发〔2002〕77号文收悉。

陕西人民出版社拟出版的《高岗传》一书，由于涉及许多敏感问题，该书

---

① 中献审〔2003〕52号。

不宜出版。请通知该社撤销此选题。

新闻出版总署图书出版管理司
二〇〇三年七月九日

抄送：陕西人民出版社 ①

看来，《高岗传》还有待于进一步研究和完善。

5.《高岗传》历经波折于 2011 年 4 月出版

2003 年 7 月，《高岗传》被新闻出版总署图书出版管理司撤销选题后，不仅作者没有放弃继续研究，陕西人民出版社也坚持争取此书的出版。

2008 年，在原有基础上增加了 15 万字的《高岗传》终于完稿。

坚持下去就会有好的结果。2009 年 7 月，陕西人民出版社传来了再次报送《高岗传》后的专家审读意见，全文如下：

该《高岗传》不同于一般的人物传记性作品，而是一部真正带有研究性质的著作。可以看出该书作者是经过多年的调查，收集了大量的资料，经过认真的分析研究，而写出的。与其说是高岗传，不如说是关于高岗问题研究的一个阶段性成果。据了解，该书几年前就已经写出，也送审过。这些年，作者根据提出的意见又做了认真的修改。目前，总的看，该书观点基本是正确的，符合《关于建国以来党的若干历史问题的决议》的有关精神；且资料比较翔实，使用了大量的第一手资料，特别是许多资料是作者亲自调查收集的，比较扎实过硬；对一些问题把握的也是比较准确的；语言也比较流畅；可以从中感到作者是带着实事求是精神以及对党的历史人物认真负责的态度而撰写该书的。

当然，目前该书在内容和语言方面还存在一些问题，值得考虑：

---

① 图管字〔2003〕第 286 号。

一、既然是写高岗的传，那么全书主要内容都应该围绕传主来展开，其他人的问题尽量不要过多地反映。目前该书在西北问题上，反映内容过多，有些与传主没有什么直接的关系。例如：郭洪涛个人的问题等；另外传主到东北工作后，许多背景内容也介绍的过于宽，有些地方已经看不到传主了。建议尽量围绕传主本人活动展开内容的叙述。

二、往往写一些知名人物或者领袖都愿意写本人出生的奇情奇景，或者传说之类的内容，实在是没有必要。第8页，写传主出生时的童话传说，也是不合适的，可以删去。

三，从语言上看，还是比较流畅的，但个别地方语言有些调侃的意思，有时给人过于随意之感，建议更实在些。

四、关于黄土地、黑土地、红土地之说，黄土地和黑土地是从自然形态去说的，红土地似乎是从政治因素上去说的，不妥，也不能就是指北京，新中国成立后到处都可以说是红的吧？建议作者考虑更周全些。

五、文字还有错字，注意审校。全书的注释将来要进一步规范，建议作页下注。

以上意见和建议，供参考。

2009 年 6 月 18 日

该专家的审读意见是实事求是的，尤其是开篇的第一句话："该《高岗传》不同于一般的人物传记性作品，而是一部真正带有研究性质的著作"，是对他们多年来研究高岗问题的充分肯定。

该审读意见中提出的需要改进的 5 个问题也是很到位的。所以，接到"关于《高岗传》的审读意见"后，戴茂林立即按照审读意见的要求进行了修改。

2010 年 7 月，戴茂林与陕西人民出版社再次签订了《高岗传》的图书出版合同，约定：

甲方应于 2010 年 9 月 20 日前将上述作品的誊清稿交付乙方。

乙方应在收到稿件后于 2010 年 12 月 30 日前出版上述作品。

2011年4月，54万余字的《高岗传》由陕西人民出版社出版。

6.2016年出版《"毛泽东查刘少奇档案"真相调查》

所谓的"毛泽东查刘少奇档案"一说（后被称为"查档事件"），是曾任高岗秘书的赵家梁2001年10月4日在接受访谈时最先抛出的：

> 高岗进京前，毛让他查东北的敌伪档案，看刘在东北被捕的表现如何。如果高岗把这些问题端出来，毛就很被动。
> 高岗让组织部的人去查的。郭峰是布置这件事的主要领导人。①

中共党史出版社2007年出版的张秀山著的《我的八十五年——从西北到东北》一书，在讲到1954年3月召开的东北地区高级干部会议时写道：

> 在一次谈话中，罗瑞卿突然问我你们查看刘少奇的档案是什么目的？我听后感到很不对头，便对他说这件事我建议你核实一下。
> 我说：1953年初，高岗对我说，毛主席让看一下东北敌伪档案中有关刘少奇1929年在奉天被捕的情况，要我去组织落实。我当时问高岗这件事跟其他人说过没有，他说跟陈云说过。我又问他，东北呢？他说没有。我说，这件事不能扩大，传开不好。说这事时，高岗的秘书在场。之后，我在东北局组织部布置工作时，将审查干部工作分成两个组，一个组查现实表现一个组查阅敌伪档案，查阅的对象不做特别限定，避免给人留下是专门查看某个人的印象。这件事即使是后来任组织部长的郭峰，和具体承办这项工作的同志也不知道查阅敌伪档案的目的，查阅结果是按敌伪档案的原本情况上报的。②

---

① 杨继绳：《高岗秘书谈"高饶事件"》，载《炎黄春秋》2013年第6期。
② 张秀山：《我的八十五年——从西北到东北》，中共党史出版社2007年版，第321页。

"毛泽东让高岗查刘少奇档案"一说至今仍在广泛流传。2023年3月3日,搜狐视频和今日头条同时发布了《高岗秘书回忆:高岗去世的前前后后》音频,该音频播放的文章就是《高岗秘书谈"高饶事件"》一文。由于搜狐视频和今日头条都是国内有影响力的综合视频平台,所以,该音频在今日头条发布后不到一个月的时间就播放了47万次。

由此可见,所谓的"查档事件"已经成为"高饶事件"研究中的焦点,而且事关如何评价新中国成立初期党的领导。

作为一名研究高岗问题的学者,戴茂林深感自己有责任搞清"查档事件"的真相。经过深入调查研究,他于2013年1月在《当代中国史研究》2013年第1期,发表了《"毛泽东让高岗查刘少奇档案"一说辨析》。该文摘要写道:

> 近年流传的"毛泽东在1953年让高岗查东北敌伪档案中有关刘少奇1929年在奉天(沈阳)被捕情况"一说,经考证分析,新中国成立初期中共中央东北局确实搞了一次清理敌伪档案工作,但开展此项工作并不是源于毛泽东指示,而是因为中央组织部发现中国驻苏联大使馆参赞张冠有叛变嫌疑,因此要求东北局负责查清问题。东北局在审查张冠问题过程中发现还有一些干部的历史问题也需要审查,所以才搞了这次清理敌伪档案工作。因此,"毛泽东让高岗查刘少奇档案"一说不能成立。

2016年1月,戴茂林独著的《"毛泽东查刘少奇档案"真相调查》由中共中央党校出版社出版。

《"毛泽东查刘少奇档案"真相调查》近14万字,分上篇流传、中篇考证、下篇结论以及附录史料四部分,最后的结论是:

> 所谓的"查档事件"是一起"张冠刘戴"的乌龙事件。①

---

① 戴茂林:《"毛泽东查刘少奇档案"真相调查》,中共中央党校出版社2016年版,第4页。

十四、1999年至2001年研究"党的三代领导集体关于正确分析形势的思想"

戴茂林虽然从1995年至2015年主要从事高岗问题研究，但1999年至2001年这3年间，还研究了"党的三代领导集体关于正确分析形势的思想"。

1999年，戴茂林负责申报的"党的三代领导集体关于正确分析形势的思想研究"中标了国家社会科学基金项目（课题批准号：99BDJ009）。2001年，该课题研究成果《中国共产党人形势观》由辽宁人民出版社出版。

1.1999年中标国家社会科学基金项目"党的三代领导集体关于正确分析形势的思想研究"

"党的三代领导集体关于正确分析形势的思想研究"，是国家社会科学基金项目1999年课题指南中的原题。戴茂林之所以申报这个课题并能够中标，是因为在此之前他对中国共产党的领导以及党的领导集体有一定的研究，而此时学界关于党的三代领导集体的研究成果并不多。

从1989年起，戴茂林发表了与此课题相关的如下论文：

（1）《中国共产党主要领导权力转换的类型及其特点》，载《福建党史月刊》

1989年第1期，中国人民大学书报资料中心复印报刊资料《中国共产党》1989年第3期转载。

（2）《浅析中国共产党三代领导集体的形成及特点》，载《党政干部学刊》1990年第8期，中国人民大学书报资料中心复印报刊资料《中国共产党》1990年第9期转载。

（3）《在我国为什么不能实行西方的多党制？》，载《党政干部学刊》1991年第4期。

（4）《试论中国共产党领导集体的历史发展及经验教训》，载《福建党史月刊》1991年第11期，中国人民大学书报资料中心复印报刊资料《中国现代史》1992年第3期转载。

（5）《三次"跨越"与建设有中国特色的社会主义》，载《中国党政干部论坛》1995年第1期。

（6）《香港回归对世界和平的贡献》，载《党政干部学刊》1997年第6期。

（7）《鞍钢宪法：毛泽东探索中国社会主义建设道路的重要一环》，载《教学与研究》1998年第9期。

（8）《邓小平与党的第三代领导集体的建立》，载《党政干部学刊》1999年第2期。

此外，戴茂林独著的《民众大联合——毛泽东的统战观》于1993年5月由中国政法大学出版社出版；主编的《毛泽东与邓小平》于1993年9月由时代文艺出版社出版。

正是因为前期成果比较丰富，课题论证也比较到位，所以，戴茂林申报的"党的三代领导集体关于正确分析形势的思想研究"于1999年5月被批准为国家社会科学基金项目（课题批准号：99BDJ009）。

该课题组的其他三位成员张志光、周维强、王道文，都是戴茂林在中共辽宁省委党校党史教研室的同事。

2.2000 年发表《科学分析形势是坚定正确理想信念的前提》

《科学分析形势是坚定正确理想信念的前提》一文，是戴茂林结合当时正在开展的"三讲"教育，依据对干部状况的了解，通过研究"党的三代领导集体关于正确分析形势的思想"得出的一项研究成果。该文在《党政干部学刊》2000 年第 2 期发表。

文中首先提出：

部分领导干部理想信念动摇的主要原因，在于不能正确认识和判断形势。因此，了解形势发展演变的特点，掌握正确分析形势的基本原则，正确认识和判断形势，对领导干部坚定正确的理想和信念，有重要的意义。

然后，论述了形势的特点，正确分析形势的科学方法等一系列问题，并举了这样一个例子：

以如何认识今天老百姓"端起碗吃肉，放下碗骂娘"这种普遍存在的心态为例，不同的思想方法就会有不同的结论。如果用马克思主义的辩证观来分析研究这一现象，就既不能由此认为老百姓素质不高，不重视社情民意；也不能因此得出党已丧失民心的结论，对党领导的社会主义事业悲观失望。而是应当按照马克思主义的辩证观点，对这一现象得出全面的认识。这样，我们就会从几个方面作出分析：一是腐败确实严重，已经到了不改就要亡党的地步；二是老百姓的民主意识增强，是社会的极大进步；三是我们这个党虽然问题不少，但还有前途，并非是病入膏肓。老百姓骂我们说明还在关心我们，还在对我们抱有希望。也就是说，我们不能从老百姓的骂娘声中丧失信心，动摇信念，而是要增强改进工作的信心。

文章的最后写道：

从思维方式上，按照马克思主义辩证观的要求，也要从静止的稳定观向动态的稳定观转变。虽然我们历来都强调稳定是前提，但稳定不是什么事情都不发生，静止的稳定是社会的停滞，是生机和活力的丧失。发生一些事情并不可怕，有人要闹点事，发泄发泄，也没有什么大不了。但前提条件，是对此必须有一个清醒的认识，并且要采取相应的对策。

虽然这是一篇20多年前的文章，但对于今天我们如何分析形势仍有一定的借鉴意义。

3.2001年出版《中国共产党人形势观》

"党的三代领导集体关于正确分析形势的思想研究"经过两年研究，于2001年12月顺利结项（结项证书：20013787）。

"党的三代领导集体关于正确分析形势的思想研究"课题的研究成果《中国共产党人形势观》，2001年3月由辽宁人民出版社出版。

该书的后记写道：

《中国共产党人形势观》是1999年国家社会科学基金项目——"党的三代领导集体关于正确分析形势的思想研究"的最终研究成果（课题批准号：99BDJ009）。项目负责人为戴茂林教授，主要执笔者为张志光副教授、周维强副教授和王道文讲师，孟继群教授参加了课题的设计、论证工作。

该项目于1999年5月由全国哲学社会科学规划办公室批准立项后，课题组全体成员历经一年半的认真研究，终于将这部《中国共产党人形势观》呈现给了读者。虽然这项课题的研究尚需深入，书中还有缺憾，但它的问世已经得到了多位专家和朋友的帮助。中共中央党校金春明教授和郭德宏教授，为本课题的立项和本书的出版给予了重要指导；中国人民大学彭明教授给本课题的研究提出了宝贵的意见；辽宁人民出版社的领导和编辑，对于本书的顺利出版给予了热情关怀和积极支持。

我们对此表示深深的谢意。①

从后记中可知,《中国共产党人形势观》是国家社会科学基金项目的最终研究成果,也是戴茂林和同事集体合作的成果。而且,该书的面世离不开中共中央党校金春明教授、郭德宏教授以及中国人民大学彭明教授的帮助和指导。

---

① 戴茂林、张志光、周维强、王道文:《中国共产党人形势观》,辽宁人民出版社2001年版,第389页。

十五、2015 年至 2021 年主要从事中共中央东北局研究

中共中央东北局（1945 年 9 月成立时谓"东北中央局"，简称东北局）存在于两个阶段：从 1945 年 9 月组建到 1954 年 11 月撤销为第一阶段，从 1960 年 9 月重新成立到 1967 年 8 月停止办公为第二阶段。

戴茂林研究的是第一阶段的东北局。

由于高岗从 1945 年起在东北局工作，所以戴茂林从研究高岗时起就开始关注东北局问题了。关注了才知道，虽然东北局在中国共产党历史上十分重要，但由于三位书记中的林彪和高岗后来都出了严重问题，所以在此之前并无关于东北局的专门研究。

没有专门研究就要专门研究。因此，戴茂林先是将"1945 年至 1954 年的中共中央东北局发展史"申报为 2011 年度辽宁省社会科学规划基金项目，然后于 2015 年起与中共辽宁省委党校李波教授全力从事东北局研究，并于 2017 年 1 月由辽宁人民出版社出版了《中共中央东北局（1945—1954）》。

2017 年 6 月，"中共中央东北局研究"被列为 2017 年国家社会科学基金项目（批准号：17BDJ014）。

1. "1945年至1954年的中共中央东北局发展史"被列为2011年度辽宁省社会科学规划基金重点项目

虽然戴茂林在研究高岗时已经开始研究东北局的一些问题，但将东北局列为专门研究领域，是从"1945年至1954年的中共中央东北局发展史"被列为2011年度辽宁省社会科学规划基金重点项目开始的。

2011年4月《高岗传》出版后，戴茂林便将主要研究方向转向了东北局，并于当年以"1945年至1954年的中共中央东北局发展史"为题申报了2011年度辽宁省社会科学规划基金项目。

2011年12月20日，辽宁省社会科学规划基金办公室给中共辽宁省委党校发来了《关于公布2011年度辽宁省社会科学规划基金项目立项名单的通知》，其中，戴茂林负责的"1945年至1954年的中共中央东北局发展史"被列为重点项目，资助金额1万元，完成时限是2013年12月。

两年时间就完成"1945年至1954年的中共中央东北局发展史"，显然是不可能的。所以，该项目的"预期成果"写的是："论文、研究报告"，并不是专著。

1945年9月成立时即被授予"全权代表中央指导东北一切党的组织及党员活动"的东北局，是中共中央派驻东北地区的最高领导机关，代表党中央领导东北地区的军事、政治、经济、文化等各项工作。东北局在党中央的正确领导下，率领东北全体军民取得了东北解放战争伟大胜利、新东北经济社会建设迅速发展、抗美援朝总后方基地等一系列辉煌成就，在中共党史和新中国发展史上具有特殊重要的地位。然而，由于东北局领导的地域广阔（包括东北三省和内蒙古、河北的一部分），东北局存在的十年间又跨越解放战争和新东北建设两大阶段，所以，东北局研究的内容众多，史料收集任务十分繁重，科学评述难度很大。特别是林彪、高岗曾任东北局书记，使得东北局研究更为复杂，是中共党史研究中比较薄弱的领域，在此之前尚无关于东北局研究的专门论著。

因此，承担了"1945年至1954年的中共中央东北局发展史"项目后，首要任务就是收集东北局史料。为此，戴茂林和同事在东北三省的档案馆、图书馆收集了大量有关东北局的重要资料。

在占有丰富资料的基础上,戴茂林等人开始了"1945年至1954年的中共中央东北局发展史"的撰写工作,并如期完成了项目研究,为后来的中共中央东北局研究奠定了坚实基础。

2.《中共中央东北局（1945—1954）》被列为"新闻出版广电总局'十二五'国家重点图书"

2017年1月,戴茂林和李波合著的《中共中央东北局（1945—1954）》由辽宁人民出版社出版。

该书的封面上写着："'十二五'国家重点出版物出版规划项目"。

《中共中央东北局（1945—1954）》是在"1945年至1954年的中共中央东北局发展史"项目的基础上通过进一步的深入研究,于2015年10月完稿的。

该书的后记中写道：

写一本《中共中央东北局》（1945—1954）,是在写作《高岗传》的过程中产生的想法。

高岗人生49年,其中的后9年基本上是在东北局度过的。所以,我们是因研究高岗而转入研究东北局。

但是越深入研究东北局就越感到,写高岗是以一个人为线索而联系其他,犹如沿着一条路在穿行,虽然这条路也是在群山中。但东北局可不是一条线,一段路。它是一座布满沟壑的高山,是一群风云人物和各条战线的勇士们用鲜血和汗水铸就的一部史诗。作为中共中央派驻东北地区的领导机关,它所领导的东北解放战争、新东北建设,都是事关中国革命历史进程和新中国建立发展的重大事件啊！

然而,非常遗憾,在中共党史和新中国发展史上如此重要的东北局,由于种种原因,目前尚无一部叙述东北局创建与发展的专著。

没有就要开创,艰难自在其中。踏入这样一块既熟悉又陌生的领域,虽然谨小慎微但也一定会有失误。我们的这本书仅仅是开启东北局研究的一个尝试，不足之处一定很多，恳请读者批评指正。

感谢辽宁人民出版社将此书列为"十二五"重点图书出版规划，谢谢为本书提供各种各样帮助的朋友们。

作者
2015年10月于沈阳①

虽然"是因研究高岗而转入研究东北局"，但正如后记中所言，"写高岗是以一个人为线索而联系其他"，"但东北局可不是一条线，一段路。它是一座布满沟壑的高山，是一群风云人物和各条战线的勇士们用鲜血和汗水铸就的一部史诗。作为中共中央派驻东北地区的领导机关，它所领导的东北解放战争、新东北建设，都是事关中国革命历史进程和新中国建立发展的重大事件啊！"

因此，还如后记中所言，"踏入这样一块既熟悉又陌生的领域，虽然谨小慎微但也一定会有失误"。而且，有的失误还不是一般的失误。

例如，这本国内首部研究东北局的专著，竟然把东北局的成立日期搞错了。该书在讲到东北局的成立时写道：

在14日的中共中央政治局会议上，在听取了曾克林关于东北情况的汇报后，会议根据刘少奇的提议，决定成立东北局。②

但是，后来的研究证明，东北局不是在1945年9月14日成立的，而是在第二天，也就是15日正式成立的。因此，确实如后记所言："这本书仅仅是开启东北局研究的一个尝试。"

---

① 戴茂林、李波：《中共中央东北局（1945—1954）》，辽宁人民出版社2017年版，第407页。
② 戴茂林、李波：《中共中央东北局（1945—1954）》，辽宁人民出版社2017年版，第28页。

3. "中共中央东北局研究"中标 2017 年国家社会科学基金项目

2017 年 1 月《中共中央东北局（1945—1954）》出版后，戴茂林于当年又以"中共中央东北局研究"为题申报了 2017 年国家社会科学基金项目。

之所以在《中共中央东北局（1945—1954）》出版后还要以"中共中央东北局研究"为题申报国家社会科学基金项目，是因为《中共中央东北局（1945—1954）》只是以专题的形式阐述东北局的各项工作，并不是一部完整的东北局史，而且史料不够丰富，一些重要问题也没有阐述，还只是一本研究东北局的基础之作。

因此，戴茂林在课题论证中提出："本课题组认为，在充分挖掘、考证史料的基础之上，对东北局开展全面的基础研究和专题研究，并在此基础上撰写一部史料丰富、观点科学、论据充分、结构合理的东北局史，具有十分重要的学术价值、社会价值和应用价值。"

当然，"中共中央东北局研究"能被列为国家社会科学基金项目，也在于领导重视和有关方面的推进。

2016 年 7 月 4 日，戴茂林的合作者李波教授撰写了《关于尽快开展对中共中央东北局进行系统研究的建议》，由中共辽宁省委党校上报中央，并得到了有关领导的肯定性批示。

《关于尽快开展对中共中央东北局进行系统研究的建议》从三个方面论述了开展东北局研究的迫切性：

第一，反对历史虚无主义的迫切需要。在当下，关于东北局的相关内容，如林彪、高岗等人物评价，东北土改、东北抗联、抗美援朝、中苏关系、高饶事件等问题，历史虚无主义均有不同程度的渗透，某些方面甚至比较严重。能够出现上述情况，一个重要原因就是对东北局历史的科学研究不够。基于此，亟须加强对东北局的系统研究。

第二，推进全党历史和地区党史研究的迫切需要。由于东北局两任书记出了问题，特别是高饶事件的影响，东北局研究明显落后于其他中央局和全党历史的研究。迄今为止，关于东北局历史还没有稳定的较强的研究力量，研究成果更少，这就限制了东北地方乃至全党历史研究，也不利于干部群众的党史教育。基于此，客观公正全面地研究东北局历史，还原和恢复历史本来面貌，自然会推进全党历史和地区党史研究。

第三，对东北现实问题反思和解决的迫切需要。当前，全面从严治党对政治生态的分量加重，东北经济社会发展面临着严重困难。通过总结借鉴东北局历史经验和教训，充分发挥党史以古鉴今、资政育人的作用，对今天的全面从严治党和东北老工业基地振兴，具有深刻和有益的现实启示。

该文上报中央后得到有关方面的高度重视，某领导于7月12日批示："报×××同志批示。拟请党史研究室阅研。"同日，×××同志圈批。

11月8日，省委某领导批示："中央领导同志在《关于尽快开展对中共中央东北局进行系统研究的建议》上的批示，体现了对推进东北局系统研究的高度重视。"

2017年6月，戴茂林申报的"中共中央东北局研究"被列为2017年国家社会科学基金项目（批准号：17BDJ014）。

十六、2022年后继续从事"高饶事件"研究

从2022年起，戴茂林开始继续研究"高饶事件"。

之所以要继续研究"高饶事件"，一方面是中共中央东北局研究已经告一段落，另一方面是关于"高饶事件"的研究出现了新的情况，所谓的"查档事件"已经成为研究的焦点。

戴茂林先是整理了12万字的《高岗问题访谈录》，然后撰写了13万字的《郭峰关于高岗问题的见证与思考》。

1. "高饶事件"是中共党史上的重大事件也是需要深入研究的重要问题

"高饶事件"虽然已经过去了半个多世纪，但如何评价至今仍然分歧很大。

对于"高饶事件"的评价出现分歧的重要原因之一，就是一些"高饶事件"的知情者在回忆评论"高饶事件"时对一些重要问题有重大分歧。

正是因为对"高饶事件"一些相关人员的访谈一方面为"高饶事件"的深入研究提供了重要史料，另一方面也由于一些访谈录与事实不符并被一些访谈者片面引用造成了不良影响，所以关于"高饶事件"的口述史料，已经成为"高饶事件"研究中既需要进一步收集、整理也需要深入研究、考证的重要问题。

面对"高饶事件"研究出现的新情况，戴茂林深感自己作为一名党史工作者尤其是高岗问题的研究者，有责任对"高饶事件"进行更加深入的研究。因此，

从 2022 年起，他开始进一步研究高饶事件。

2. 整理了 12 万字的《高岗问题访谈录》

要进一步研究"高饶事件"，就要首先梳理以往的研究。因此，戴茂林利用半年的时间，对以前关于高岗问题的访谈资料进行了整理，形成了 12 万字的《高岗问题访谈录》。

这些访问高岗问题知情者的谈话记录，包括高岗的两任妻子、三位秘书和所谓的"五虎上将"中的三位。

下面就是按访谈时间排列的访谈录：

（1）高生买访谈录（1998 年 9 月 20 日）

（2）座谈会谈话录（1998 年 9 月 20 日）

（3）李力群访谈录（1998 年 11 月 21 日）

（4）杨芝芳访谈录（1998 年 11 月 22 日）

（5）赵家梁访谈录（1998 年 11 月 23 日）

（6）赵家梁访谈录（1999 年 2 月 2 日）

（7）李力群访谈录（1999 年 2 月 3 日）

（8）赵家梁访谈录（1999 年 3 月 24 日）

（9）郭峰访谈录（1999 年 5 月 9 日）

（10）郭峰访谈录（1999 年 6 月 11 日）

（11）杨芝芳访谈录（2000 年 1 月 27 日）

（12）赵家梁访谈录（2000 年 1 月 28 日）

（13）李力群访谈录（2000 年 1 月 28 日）

（14）马洪访谈录（2000 年 1 月 29 日）

（15）郭峰访谈录（2000 年 2 月 17 日）

（16）郭峰访谈录（2000 年 2 月 28 日）

（17）赵德尊访谈录（2000 年 3 月 29 日）

（18）李力群访谈录（2000年4月6日）

（19）安志文访谈录（2000年4月7日）

（20）李力群访谈录（2000年4月8日）

（21）郭峰访谈录（2000年4月13日）

（22）高崇道访谈录（2000年11月5日）

（23）苏丹访谈录（2000年12月11日）

（24）李力群访谈录（2000年12月11日）

（25）郭峰访谈录（2001年1月5日）

（26）郭峰访谈录（2001年3月6日）

（27）郭峰访谈录（2001年4月3日）

（28）郭峰访谈录（2001年4月5日）

（29）张晓霁访谈录（2002年4月16日）

（30）张奉生访谈录（2002年5月9日）

（31）郭峰访谈录（2002年5月21日）

（32）赵家梁访谈录（2002年6月7日）

（33）赵家梁、张晓霁访谈录（2002年6月20日）

（34）赵家梁访谈录（2002年6月21日）

（35）郭峰访谈录（2002年7月24日）

（36）郭峰访谈录（2002年7月25日）

（37）郭峰访谈录（2003年2月19日）

（38）郭峰访谈录（2003年11月28日）

（39）郭峰访谈录（2004年9月21日）

（40）郭峰访谈录（2004年10月14日）

（41）杨克冰访谈录（2004年10月18日）

（42）郭峰访谈录（2004年10月26日）

（43）郭峰访谈录（2004年11月4日）

（44）李力群访谈录（2008年5月7日）

（45）李力群访谈录（2008年8月2日）

（46）李力群访谈录（2008年8月3日）

（47）李力群访谈录（2008年12月26日）

（48）关于1954年高岗问题的见证与思考——郭峰同志访谈录（郭峰访谈录的综合稿）

此外，这本访谈录还以附录的形式收录了下列材料：

（1）杨芝芳给江泽民总书记的信（1999年1月5日）

（2）李力群给胡锦涛总书记并中央常委的信（2011年3月22日）

（3）赵家梁给党中央的信（1999年）

（4）苏丹给江泽民总书记并政治局常委的信（2000年8月）

（5）张明远给党中央的申诉材料（1997年12月15日）

（6）张秀山给党中央的申诉材料（1990年）

（7）郭峰给中央党史研究室、中组部、中纪委的信（2004年11月15日）

（8）郭峰"文革"期间关于东北局清理敌伪档案工作的交代材料

（9）赵德尊在中央文献出版社内部发行资料中的回忆（2002年）

（10）李力群在生日座谈会上的发言

3. 撰写了13万字的《郭峰关于高岗问题的见证与思考》

戴茂林之所以要撰写《郭峰关于高岗问题的见证与思考》，有以下几点考虑：首先，郭峰不是"高饶事件"的一般知情者，而是"高饶事件"的"历史见证人"。

所谓的"高饶事件"知情者，指的是"高饶事件"发生时从不同角度对事件有所了解的人。

郭峰是高岗的同事，但他和张秀山、张明远、赵德尊、马洪等所谓的"五虎上将"又不同于其他的知情者，他们在东北局的文件上，被点名为"积极参加高岗反党反中央的宗派活动"；在党中央的决议中，被定性为"参加高岗反党反中央、饶漱石反党联盟活动"。

然而，郭峰等所谓的"五虎上将"在"文革"后又都被党中央安排到正部级领导岗位。因此，郭峰不是"高饶事件"的一般知情者，而是"高饶事件"的"历史见证人"。

也正因为郭峰是"高饶事件"的"历史见证人"，才使得他关于高岗问题的见证与思考具有了非同一般的意义。

其次，郭峰1948年即任省委书记，他关于高岗问题的见证与思考有丰富的党务工作经验作依据。

作为"高饶事件"的"历史见证人"，当然能够对"高饶事件"中的一些情况作出自己所了解的见证。但是，要想对"高饶事件"这场不仅重要而且非常特殊的党内斗争作出全面的科学思考，仅了解事件的一些具体情况是不够的，还必须具有较为丰富的党务工作经验，才有可能对整个事件作出实事求是的评价。

郭峰1933年投身革命，1948年任辽北省委书记，1949年任辽北、辽西合并组成的辽西省委书记，1952年起任中共中央东北局组织部副部长、部长、东北局委员。1954年因"高饶事件"被下放基层后，又从1979年1月起先后任中共辽宁省委书记兼沈阳市委第一书记，中共辽宁省委第二书记、第一书记，中顾委委员。

在长达70多年的革命生涯中，郭峰主要从事党务工作，而且担任了省委书记、东北局组织部部长等重要党内职务，具有非常丰富的党建工作经验，这也是他能够对高岗问题作出深入思考的重要因素。

再次，郭峰长期从事党建研究，是一位资深的党建研究专家。

郭峰不仅长期从事党务工作，具有丰富的党建工作经验，他还长期从事党建研究，对如何加强执政党建设有着深入的研究。尤其是1985年6月不再担任中共辽宁省委第一书记后，他开始集中精力研究党建，很多研究成果发表在全国党建研究会的刊物上。

正因为郭峰对党的建设有深入的思考，所以，全国党建研究会秘书处从郭峰在 1984—1999 年的文章、讲话稿中选出 40 余篇，编印成《郭峰党建言论存稿》。

最后，郭峰是"基于对党的事业负责和对党的历史负责"来见证与思考高岗问题。

2004 年 11 月 15 日，郭峰致信中央党史研究室、中组部、中纪委，提出：

作为一名有着七十年党龄的老共产党员，又是高岗问题的历史见证人之一，基于对党的事业负责和对党的历史负责，我应当以历史见证人的身份，把我所经历的有关高岗问题的一些重要历史情况和问题，作出负责任的见证。同时，由于我长期从事党建研究工作和对执政党建设的关注，对于如何维护、发扬党的三大作风，推进执政党的民主建设，在这份《访谈录》中也提出了一些建议。

信中提到的《访谈录》，即 2004 年 11 月郭峰向党中央有关部门报送的《关于 1954 年高岗问题的见证与思考——郭峰同志访谈录》。

从上述可见，郭峰关于高岗问题的见证与思考对于深入研究"高饶事件"，确实具有非同一般的意义。

下篇

XUESHU
GONGXIAN

学术贡献

十七、出版国内首部研究王明问题的学术著作《莫斯科中山大学与王明》

1998年6月，黑龙江人民出版社出版了戴茂林执笔、曹仲彬指导的《莫斯科中山大学与王明》。

虽然《莫斯科中山大学与王明》只有13万字，而且是作者自费出版，但该书是国内首部研究王明问题的学术著作。因此，该书出版后引起了较大的社会反响，《党史信息报》连续6期转载了《莫斯科中山大学与王明》附录中的《莫斯科中山大学大事记》。

1. 自费出版《莫斯科中山大学与王明》

陈修良在《莫斯科中山大学与王明》序言中认为："这本《莫斯科中山大学与王明》，对研究中共党史是有参考价值的。"但可能很多读者不一定清楚，这本对研究中共党史有参考价值的学术著作，是戴茂林和曹仲彬自费出版的。

《莫斯科中山大学与王明》印了3500册，这3500册书主要是通过作者自己发出的3000份订单卖出去的。

戴茂林保存着当年的《卖书日记》，其中1988年9月4日的日记写的是：

写信封 120 个，主要是省及直辖市图书馆、党校。

还应写：市、地县党校，省市级党史办。

在此之前的 7 月 10 日日记写的是当时的订书统计：

单位	份数	钱
上海社科院	4	8.60
岫岩县党校	30	64.5
营口市委党校	5	10.75
中央党校图书馆	2	4.30
中央档案馆	1	2.15
张崇文	10	21.50
凤城县党校	3	6.45

《莫斯科中山大学与王明》一书的定价是 1.90 元，但当时的卖价是 2.15 元。

上述订书统计中买了 10 本书的张崇文，就是戴茂林 1986 年 4 月 27 日在杭州陆军疗养院访问的原莫斯科中山大学学员张崇文。

2.《莫斯科中山大学与王明》的发行得到了前辈的鼓励

不仅《莫斯科中山大学与王明》的研究与撰写得到了一些原莫斯科中山大学老同志的帮助，该书的发行也得到了一些前辈的鼓励。

一次就买了 10 本《莫斯科中山大学与王明》的张崇文，1926 年加入中国共产党，1955 年被授予少将军衔，是中国人民政治协商会议第五届全国委员会委员。

不仅张崇文通过多买几本《莫斯科中山大学与王明》来表达对戴茂林自费出此书的鼓励，还有一些老同志也在千方百计地帮助他们。

1988年7月3日，原莫斯科中山大学学员李一凡给戴茂林来了一封信，写道：

你的大作经过多方努力，终于出版，殊为可贺。但是，自费对你实为不小的负担。我已向一些老同志为你作了一些推销活动，但结果如何尚不得知。

崇文同志很关心你自费出版的负担过重，已于日前订购10本。我也想在力所能及的基础上，做一些"杯水车薪"的事。①

戴茂林后来对笔者说：

每次翻看这些信我都感到很惭愧。因为《莫斯科中山大学与王明》能够成书出版，就是因为有这些可敬可爱的老同志无私地为我们提供了珍贵的史料。但是，书出来后我不仅没有向这些老同志送书感谢，还让他们自己出钱订购，真是失礼，荒谬。

通过此事我也深深感到，我能够在中共党史研究的道路上取得一些成绩，离不开这些前辈的支持和鼓励。

3.《莫斯科中山大学与王明》是国内首部研究王明问题的学术著作

王明是中国共产党历史上的著名人物，按人民出版社出版的《王明言论选辑》中的提法：

王明是中国共产党历史上著名的机会主义领导人之一，曾经给党造成过严重的危害。②

---

① 李一凡给戴茂林信，1988年7月3日。
② 《王明言论选辑》，人民出版社1982年版（内部发行），《出版说明》。

既然是党史上的著名人物，必然会引起人们的关注和研究。国内第一部公开出版的研究王明问题的学术著作，就是这本《莫斯科中山大学与王明》，因此，虽然《莫斯科中山大学与王明》字数不多，发行量也不大，但该书出版后还是引起了学界的关注。

中共上海市委党史研究室和上海市中共党史学会主编的《党史信息报》（半月刊），于1988年6月1日的第59期到8月16日的第64期，连续转载了《莫斯科中山大学与王明》附录中的《莫斯科中山大学大事记》。

1989年1月，《莫斯科中山大学与王明》获得中共辽宁省委党校1988年优秀科研成果一等奖。

十八、东北救亡总会研究"填补了中共党史、中国革命史和东北人民革命斗争史研究中的一个空白"

戴茂林研究东北救亡总会的时间只有3年,但其成果"填补了中共党史、中国革命史和东北人民革命斗争史研究中的一个空白",《八年抗战中的东北救亡总会》一书在辽宁省第六届社会科学省级优秀学术成果评奖中获得著作二等奖。

1. 东北救亡总会"长期以来并没有得到公正的评价"

东北救亡总会在抗日救亡团体中虽然特点突出、贡献很大,但长期以来没有得到公正的评价。

戴茂林的博士学位论文前言中是这样写的:

然而,这样一个功勋卓著的抗日救亡群众团体,长期以来并没有得到公正的评价。

在1942年延安整风运动中,它被康生诬之为"特务外围组织",有些成员蒙受了不白之冤。"文化大革命"中,它的主要领导成员高崇民、于毅夫、陈先舟、车向忱、卢广绩、栗又文、张庆泰、吴一凡、徐寿轩、张克威、柳文等，又被打成"东北帮叛党投敌反革命集团"的主要成员，惨遭迫害，直到1978年10月才得以平反。可是，东北救亡总会的革命性质仍未得到认定。直至1984年7月24日，中组部下发组通字〔84〕22号文件时，才指出东北救亡总会是"我党在国民党统治区直接领导的抗日救亡群众团体"。

抗日战争胜利40年后，东北救亡总会终于有了科学定性，晚则晚矣，终可使当事者欣慰。但迄今为止，除偶见几篇散论和片断回忆外，尚无一部系统的论著。无疑，它的历史全貌及其在抗日战争中的地位与作用还有待于学术界的研究与评述。①

正是因为东北救亡总会不仅重要，而且"迄今为止，除偶见几篇散论和片断回忆外，尚无一部系统的论著"，戴茂林才在彦奇导师的指导下将"东北救亡总会研究"作为自己的博士论文。

2. 系统论述了东北救亡总会的特点与贡献

1995年8月，辽宁省党校系统召开纪念抗日战争胜利和反法西斯战争胜利50周年学术研讨会，戴茂林提交了《论东北救亡总会的特点与贡献》这篇论文，总结了东北救亡总会在众多抗日救亡团体中的四个特点与四个方面贡献。

四个特点是：

第一，存在时间较长，活动地域较广，工作内容也较丰富。

"东总"从1937年6月成立到1942年5月被蒋介石国民党取缔，奋斗了近5年。1942年5月"东北四省抗敌协会"成立后，"东总"虽然在名义上不存在了，但从未停止活动。正如高崇民、阎宝航、于毅夫等"东总"领导人所说："东总形式上虽然被取消，但实际上抗日救亡活动并未停止。""东总直到日

---

① 戴茂林：《东北救亡总会研究》，中国人民大学1995年博士学位论文，第1页。

本投降才停止活动。""反攻杂志社"和"东北民主政治协会","实际上是东总的继续"。

第二,它是中国共产党的外围组织。

全面抗战爆发后,遍布各地的抗日救亡团体,有的是基于民族义愤自发诞生的,有的是受中国共产党抗日民族统一战线政策的影响而组建的,也有的如"东总",是在中国共产党的直接领导下建立的。"东总"从筹备、成立直到后来的发展,一直在中国共产党的领导下。它内部设有中国共产党党组,活动坚决贯彻中国共产党的方针政策。党的领导人周恩来与董必武不仅经常给"东总"下达指示,有时还亲自参加"东总"党组会议。《新华日报》也经常登载有关"东总"的报道,支持"东总"开展的工作。

第三,它是以东北流亡同胞为主体的具有统一战线性质的救亡团体。

"东总"是中国共产党外围组织,但党并非要把它变成纯粹的左翼团体,而是要通过它把东北各界流亡同胞团结组织起来,"建立整个东北民众救国团体联合会",使之成为以东北流亡同胞为主体的统一战线联盟。

第四,注重开展军事工作。

注重武装斗争是关内东北救亡团体的优良传统,开展军事工作是"东总"活动的重要内容之一。"东总"成立后就设立了军事委员会开展反日军事斗争,并且一直把武装斗争放在重要位置。①

四个方面贡献是:

第一,它在中国共产党的领导下,把几十万关内东北流亡同胞团结组织成为我国抗日救亡的一支劲旅。他们为"打回老家去"而战,也就是为中华民族解放而战。

第二,它在反对国民党顽固派妥协投降逆流的斗争中发挥了特殊作用。它

---

① 李秉刚、戴茂林主编:《抗日战争与民族振兴》,东北大学出版社1995年版,第124-127页。

公开要求国民党五届六中全会收回蒋介石在国民党五届五中全会上关于抗战到底之"底"的妥协投降论调，重新向全国人民表明抗战到底必须打到鸭绿江边的立场。它自身的存在实际上就竖起了一面坚持抗战到底的旗帜。正如周恩来同志所说："只要东北救亡总会的牌子，'反攻'的牌子存在，蒋介石就很难出卖东北。"

第三，它不但为抗日前线和中国共产党领导的抗日根据地输送了大批人才，而且也为中国革命胜利以后的社会主义建设培养了一批优秀干部。一大批"东总"会员经过八年抗战的洗礼，在革命胜利后成为新中国各行各业的骨干。其中有10多人担任了省、部级领导职务，高崇民同志还成为60年代国家领导人之一。

第四，"东总"同仁们在民族危亡之际，以国家民族利益为己任，"誓拼此生，共识救亡"。他们的高尚情操和卓越贡献不仅将永载青史，而且也为我们今天振兴中华留下了一笔宝贵的精神财富。①

3. "填补了中共党史、中国革命史和东北人民革命斗争史研究中的一个空白"

1995年8月，戴茂林在彦奇教授指导下的博士学位论文《东北救亡总会研究》定稿。

《东北救亡总会研究》除前言和附录外，正文共6章，各章标题是：

第一章　东北救亡总会成立前关内东北救亡团体的演变
第二章　东北救亡总会的成立与巩固
第三章　"东总"在武汉

---

① 李秉刚、戴茂林主编：《抗日战争与民族振兴》，东北大学出版社1995年版，第127-128页。

第四章 "东总"三大分会的建立与活动
第五章 "东总"在重庆
第六章 坚持《反攻》阵地，迎接抗战胜利

1995年9月28日，戴茂林进行博士学位论文答辩。《关于戴茂林同志博士学位论文答辩的决议》写道：

论文选题有新意，填补了中共党史、中国革命史和东北人民革命斗争史研究中的一个空白，对人们认清历史真相、总结经验教训具有重要意义。

在论文中，作者以马列主义、毛泽东思想为指导，以翔实的资料为依据，考察了东北救亡总会成立、发展、演变的历史，科学地评述了"东总"在中国共产党领导下，在抗日救亡运动中所做出的显著成绩。论文观点正确，结构严谨，层次清晰，文字通畅，已达到博士论文水平。希望作者对某些问题进一步加强理论分析。

作者在答辩中较好地回答了委员们的提问，答辩委员会对此感到满意，并一致建议授予作者博士学位。

主席签字：林茂生
1995年9月28日

《关于戴茂林同志博士学位论文答辩的决议》认为该论文"填补了中共党史、中国革命史和东北人民革命斗争史研究中的一个空白"，不仅是对戴茂林博士学位论文的肯定，更激励着他在后来的中共党史研究中坚持走"以史为据、敢于创新"的道路。

1998年10月，《八年抗战中的东北救亡总会》一书在辽宁省第六届社会科学省级优秀学术成果评奖中获得著作二等奖。

十九、《王明传》在 29 年内由三家出版社三次出版

虽然《王明传》并不是第一部王明传记，安徽人民出版社曾于 1989 年 5 月出版了周国全、郭德宏、李明三著的《王明评传》，但曹仲彬、戴茂林著的《王明传》于 1991 年 5 月由吉林文史出版社出版后，又于 2008 年 11 月和 2020 年 3 月分别由中共党史出版社和天地出版社再次出版，说明《王明传》确实具有较大的社会影响和学术价值。

1. 中共党史出版社于 2008 年 11 月再次出版《王明传》

《王明传》于 1991 年 5 月由吉林文史出版社出版后，中共党史出版社于 2008 年 11 月再次出版《王明传》。

为什么 17 年后要重新出版《王明传》？该书的后记中有详细的说明：

这本《王明传》，是在我与我的硕士研究生导师曹仲彬教授合著的《王明传》的基础上改写而成的。那本《王明传》于 1991 年 5 月由吉林文史出版社出版，是我与导师继《莫斯科中山大学与王明》之后出版的第二部研究王明的著作。

我于 1984 年考入吉林大学攻读中共党史专业硕士学位，师从曹仲彬教

授开始了王明问题研究,并写了题为《莫斯科中山大学的纷争》的硕士论文。1987年毕业工作后,我在导师的指导下又用了近两年的时间对硕士论文进行了补充修改,于1988年6月,在黑龙江人民出版社与导师共同出版了《莫斯科中山大学与王明》。之后,我们又共同努力,写作并出版了那本《王明传》。

时光荏苒,《王明传》出版已过17年。此间学界同仁们的相关研究在深入,有些史料进一步被发掘,我们对有些问题也有了新的思考。恰在此时,中共党史出版社的吴江编辑建议我们重新出版《王明传》。我与导师协商,认为重新出版《王明传》是必要的。因为有些观点需要重新思考,有些提法需要进一步斟酌,有些史实需要再做考证,有些史料需要充实补充,有些文字也需要精炼调整。然而,岁月不饶人,当年带领我们这些研究生跋山涉水走遍大江南北的那位精力过人的导师,现今是与我在医院的病床上来商讨这些问题的。

不过,定了就要干,干还必须好。遵照导师的指示,我承担了这本《王明传》的改写任务。导师最后对书稿进行了审定。①

从后记中可知,重新出版《王明传》的主要原因,"是已过17年,此间学界同仁们的相关研究在深入,有些史料进一步被发掘,我们对有些问题也有了新的思考。有些观点需要重新思考,有些提法需要进一步斟酌,有些史实需要再做考证,有些史料需要充实补充,有些文字也需要精炼调整"。

新版《王明传》较之1991年版的改动有哪些?

结构上,以王明人生的几大阶段为依据,将原来的十章改为九篇;观点上,诸如"右倾投降主义"等原有的提法按照目前学界的普遍共识作了调整;王明去莫斯科中山大学的时间等史实根据新发现的史料重新做了考证;还增写了

---

① 戴茂林、曹仲彬:《王明传》,中共党史出版社2008年版,第359页。

《"二十八个半布尔什维克"的由来》等一些新的内容;删减部分不够精炼的内容和对文字做些修改也是自然要做的。①

另外,字数也由38万字增加到40多万字。

为什么新版《王明传》的作者署名由曹仲彬、戴茂林著变成了戴茂林、曹仲彬著?

并不是因为戴茂林"承担了这本《王明传》的改写任务",而是"与我在医院的病床上来商讨这些问题的"曹仲彬老师坚持要求改变原有署名顺序。

实际上,戴茂林和曹仲彬在1996年出版的《中共党史人物传》第58卷上发表《王明》时,署名就是:"戴茂林、曹仲彬"。②

由此可见,把戴茂林领上王明问题研究之路的曹仲彬老师为了自己的弟子能有更好的发展,在晚年又把他扶上马送一程。

2.2020年3月天地出版社又出版《王明传》

2020年3月,天地出版社又出版《王明传》。

为什么又要出版《王明传》,戴茂林在后记中有下列说明:

这次再版《王明传》,原有的体例、结构、观点、内容以及图片均不做改动,只是对错字、漏字进行改正。

当然,从《王明传》2008年再版至今,也逾十年了,这期间关于王明问题研究又有很多新的成果,包括我本人公开发表的几篇研究文章。为了让读者们参考这些新的研究成果,将我2008年后撰写的两篇文章作为附录放在后面。③

---

① 戴茂林、曹仲彬:《王明传》,中共党史出版社2008年版,第359页。
② 中共党史人物研究会编:《中共党史人物传》(第五十八卷),陕西人民出版社1996年版,第137页。
③ 戴茂林、曹仲彬:《王明传》,天地出版社2020年版,第453页。

由此可见，2020 年出版的《王明传》与以往的最大变化，是增加了戴茂林 2008 年后撰写的两篇研究王明问题的文章：一篇是载于《中共党史研究》2010 年第 12 期的《关于王明研究中几个问题的考证》，另一篇是载于《中共党史研究》2011 年第 11 期的《六届四中全会前后有关王明研究的几则史实辨析》。

戴茂林之所以要在新版《王明传》中增加这两篇文章，是因为这两篇文章中对以往关于王明研究中的一系列重要史实提出了新的论述。

《关于王明研究中几个问题的考证》共考证了以下 6 个问题：

（1）王明 1929 年何时回国？
（2）王明的《两条路线》小册子写于何时？
（3）王明何时知道"十月来信"精神？
（4）米夫 1930 年何时来华？王明何时知道米夫已经来华？
（5）王明为什么在 1931 年离沪赴苏？
（6）王明为什么于 1937 年 11 月回国？

《六届四中全会前后有关王明研究的几则史实辨析》共辨析了以下 5 个问题：

（1）共产国际在"十月来信"之前已经认为李立三中央的错误是路线错误，这是共产国际彻底否定六届三中全会进而召开六届四中全会的主要原因。

（2）王明上台与米夫来华扶植有直接关系，但米夫来华的一个月内王明并不知情。

（3）米夫来华后与中共中央政治局成员的首次会谈，至今学界尚未提及。

（4）六届四中全会就是在米夫的直接领导下召开的，说"米夫多次使用不正常的组织手段控制会议的进行"，没有准确地反映出当时中共中央与共产国际及远东局的特殊关系。

（5）六届四中全会后虽然开始了王明"左"倾教条主义错误在中央的统治，

但王明本人对中央领导权的操纵有个从外到内的过程。

从发表在《中共党史研究》的这两篇论文考证和辨析的问题中可见,戴茂林关于王明问题的研究确实更加深入了。

3.《王明传》产生了较大的社会影响和学术价值

一部党史人物传记在29年内由三家出版社三次出版,说明此书确有较大的社会影响和学术价值。

《王明传》1991年5月由吉林文史出版社出版后,于1995年12月被吉林省社会科学优秀成果评审委员会评为第三届社会科学优秀成果二等奖。

《王明传》2008年11月由中共党史出版社出版后,2009年4月26日的《文摘报》以《王明的最后二十四年》为题转载了该书的部分内容。

2010年7月,《王明传》被辽宁省人民政府授予辽宁省第十一届(2007—2008年)哲学社会科学成果奖二等奖。

《王明传》不仅得到了有关方面的奖励,也获得了王明家属的认可。

2013年3月20日,王明之子王丹之将王明夫人孟庆树编著、莫斯科《本体心理学》慈善基金会于2011年出版的《陈绍禹—王明传记与回忆》送给了戴茂林,并在书的扉页上写道:

戴茂林先生惠存

王丹之赠
2013年3月20日

二十、"对于产生于特殊年代的'鞍钢宪法'进行了研究"

鞍钢宪法既是一个人们较为熟知的问题,又是一个产生于特殊年代、至今也很难把握并缺乏深入研究的课题。①

戴茂林在《中共党史研究》1999年第6期发表的《鞍钢宪法研究》一文,是国内第一篇研究"鞍钢宪法"的学术论文。

1. 在《中共党史研究》发表《鞍钢宪法研究》

1999年11月,戴茂林在《中共党史研究》1999年第6期发表了《鞍钢宪法研究》一文。

该文分"鞍钢宪法"产生的背景、毛泽东对社会主义建设道路的探索与"鞍钢宪法"的产生、"鞍钢宪法"的内容和实质、"鞍钢宪法"与《工业七十条(草案)》四个部分,从"共和国钢铁工业的长子"鞍钢讲起,论述了"鞍钢宪法"产生的背景与过程,分析了"鞍钢宪法"的内容和实质,探讨了"鞍钢宪法"

---

① 戴茂林:《鞍钢宪法研究》,载《中共党史研究》1999年第6期。

与《工业七十条（草案）》的关系，提出：

  鞍钢宪法产生于"大跃进"时期的群众性技术革命运动的高潮之中，是以技术、管理等都走在全国前列的共和国钢铁工业的长子——鞍钢为典型而推出，因此，它既集中了当时我国企业管理的合理经验，又不可避免地带有"大跃进"年代的局限。

  ……

  它所体现的全心全意依靠工人阶级办企业的基本精神是我国社会主义工业企业至今也应当坚持的原则，而且与现代企业管理中的人本观念、全员参与和权变管理等都有相通之处。这些合理的管理思想是以鞍钢为代表的我国社会主义工业企业在实践中的创造，也是毛泽东探索我国工业企业发展模式的重要成果。①

2.《鞍钢宪法研究》在学术界产生了一定影响

  《鞍钢宪法研究》在《中共党史研究》发表后，戴茂林在1999年12月8日的《党史信息报》发表了这篇文章：

鞍钢宪法研究

  鞍钢（鞍山钢铁公司的简称）作为共和国钢铁工业的长子，是我国"一五"计划的重中之重，为新中国的经济建设作出了不可替代的贡献，受到了党中央和毛泽东的特殊关注。但在"以钢为纲"的"大跃进"年代，它又身不由己地成为毛泽东"反右倾、鼓干劲"战略中的一粒棋子。

  1960年3月11日，中共鞍山市委经辽宁省委向党中央递交了一份《鞍山市委关于工业战线上的技术革新和技术革命运动开展情况的报告》，毛泽东

---

① 戴茂林：《鞍钢宪法研究》，载《中共党史研究》1999年第6期。

对报告"越看越高兴",并于当月22日在报告的按语上批示道,这个报告"创造了一个鞍钢宪法,鞍钢宪法在远东,在中国出现了"。鞍钢宪法由此产生。但较长时期以来对鞍钢宪法内容和实质有这样三种理解:一是毛泽东批示的基本精神,即政治挂帅、群众性技术革命,党委领导下的厂长负责制和"两参一改三结合"(干部参加劳动,工人参加管理,改革不合理的规章制度,工人群众、领导干部和技术人员三结合);二是辽宁省委、鞍山市委和鞍钢理解的政治挂帅、群众运动和党委领导下的厂长负责制;三是中央工业部根据刘少奇推出的成都量具刃具厂的经验的解释,鞍钢宪法的具体内容就是"两参一改三结合"。因而,现在出版的一些论著中对鞍钢宪法的解释仍存在较大分歧,各持其说。

鞍钢宪法以鞍钢为典型而推出,集中了当时我国企业管理的合理经验,其中"两参一改三结合"是它的闪光点,它所体现的全心全意依靠工人阶级办企业的基本精神是我国社会主义工业企业至今也应当坚持的原则。但从其产生的背景看,又不可避免地带有"大跃进"年代的局限,如毛泽东提出鞍钢宪法的三部分内容,第一方面内容带有浓厚的"大跃进"色彩。①

1999年12月,戴茂林参加了第二次全国社会主义时期中共党史学术研讨会,提交的论文是《鞍钢宪法研究》。

1999年12月19日的《中国青年报》以《学界新锐展露头角》为题对这次会议做了报道,写道:

> 辽宁省委党校青年学者戴茂林教授在其提交的《鞍钢宪法研究》中,根据大量的材料,对于产生于特殊年代的"鞍钢宪法"进行了研究。论文通过一个局部的个案分析引发出对当时全国形势和全局性事件的历史思考,以点带面,史论结合,剖析深刻,受到专家们的较高评价,被认为是"一篇较为成功的党史论文"。②

---

① 戴茂林:《鞍钢宪法研究》,载《党史信息报》,1999年12月8日。
②《学界新锐展露头角》,载《中国青年报》,1999年12月19日。

3.《鞍钢宪法研究》获得中共中央党校和辽宁省表彰

2000年11月8日，中共中央党校向戴茂林颁发了表彰证书。

戴茂林同志：

您的《鞍钢宪法研究》一文荣获全国党校系统第三届优秀科研成果二等奖，特此表彰。

中共中央党校
2000年11月8日

2000年12月，辽宁省第七届社会科学优秀科研成果评奖委员会向戴茂林颁发了获奖证书。

戴茂林同志：

你撰写的《鞍钢宪法研究》在辽宁省第七届社会科学省级优秀科研成果评奖中，被评为论文一等奖。

特发此证，以资鼓励。

辽宁省第七届社会科学优秀科研成果评奖委员会
2000年12月

《鞍钢宪法研究》，确实是"一篇较为成功的党史论文"。

二十一、深入研究中国共产党人形势观

如何科学分析判断形势，是一名中国共产党人能否坚定正确理想信念的前提。

怎样理解和把握中国共产党人的形势观，是一个需要通过回顾历史经验教训进而总结出一般规律的重大课题。然而，多年来，关于中国共产党人形势观的研究比较薄弱，相关研究成果不多。

戴茂林申报并中标了国家社科基金项目"党的三代领导集体关于正确分析形势的思想研究"，通过深入研究取得了一系列重要成果。

1. 潜心研究中国共产党领导集体为深入研究中国共产党人形势观打下了基础

研究"党的三代领导集体关于正确分析形势的思想"，必须首先对党的领导集体有比较深入的研究。而研究党的领导集体，自然要涉及党的主要领导权力的转换。

然而，"关于无产阶级政党主要领导权力转换的研究，在我国还很少开展。

关于中国共产党主要领导权力转换的探讨,目前还没有见到"①。

但是,戴茂林认为:"研究政党主要领导权力的转换,有助于考察政党领导体制的利弊,从而为党的建设提供有益的借鉴。"②因此,他在《福建党史月刊》1989年第1期发表了《中国共产党主要领导权力转换的类型及其特点》。

该文共三个部分:一是为什么要研究中国共产党主要领导权力的转换,二是党的主要领导权力转换的类型,三是党的主要领导权力转换的主要特点。

《中国共产党主要领导权力转换的类型及其特点》发表后引起学界关注,中国人民大学书报资料中心复印报刊资料《中国共产党》1989年第3期全文转载。

探讨中国共产党主要领导权力转换的类型及其特点,是为了进一步研究中国共产党领导集体。

1990年8月,戴茂林与莫巧琳在《党政干部学刊》1990年第8期发表了《浅析中国共产党三代领导集体的形成及特点》。

1991年11月,戴茂林与赵晓光在《福建党史月刊》1991年第11期发表了《试论中国共产党领导集体的历史发展及经验教训》。该文发表后,中国人民大学书报资料中心复印报刊资料《中国现代史》1992年第3期全文转载。

1999年2月,戴茂林在《党政干部学刊》1999年第2期发表了《邓小平与党的三代领导集体的建立》。

正是因为戴茂林从1989年起即开始潜心研究中国共产党领导集体并取得了一系列重要研究成果,为深入研究中国共产党人形势观打下了基础,所以他于1999年中标了国家社会科学基金项目"党的三代领导集体关于正确分析形势的思想研究"。

---

① 戴茂林:《中国共产党主要领导权力转换的类型及其特点》,载《福建党史月刊》1989年第1期。

② 戴茂林:《中国共产党主要领导权力转换的类型及其特点》,载《福建党史月刊》1989年第1期。

2. 明确提出"科学分析形势是坚定正确理想信念的前提"

承担了国家社会科学基金项目"党的三代领导集体关于正确分析形势的思想研究"之后，戴茂林和课题组成员更加努力地研究党的三代领导集体关于正确分析形势的思想，并于2000年2月在《党政干部学刊》2000年第2期发表了《科学分析形势是坚定正确理想信念的前提》一文。

该文共三个部分：一是部分领导干部理想信念动摇的重要原因，是不能正确分析形势；二是善于从政治上分析和判断形势，是对领导干部素质的重要要求；三是正确分析形势还必须坚持马克思主义的辩证观点，掌握科学的分析方法。

"科学分析形势是坚定正确理想信念的前提"是戴茂林提出的一个重要观点，他在《中国共产党人形势观》这本专著中撰写的绪论，就是"科学分析形势是坚定正确理想信念的前提"。

3.《中国共产党人形势观》出版后获得好评

《中国共产党人形势观》于2001年3月由辽宁人民出版社出版。

30多万字的《中国共产党人形势观》首先在绪论中提出"科学分析形势是坚定正确理想信念的前提"，然后分析形势的特点及其演变规律、毛泽东在重大转折关头对形势的正确分析、毛泽东晚年对形势的错误分析、邓小平在重大转折关头对形势的正确分析、江泽民在重大转折关头对形势的正确分析、党的三代领导集体正确分析形势的思想方法等六个部分，系统阐述了中国共产党人形势观。

《中国共产党人形势观》出版后引起广泛关注并获得好评。

2002年8月，《中国共产党人形势观》在辽宁省第八届社会科学优秀科研成果评奖中获得著作一等奖。

2003年4月，《中国共产党人形势观》在全国党校系统第四届优秀科研成果评奖中获得二等奖。

二十二、出版《高岗传》引起较大社会反响

俗话说,"功夫不负苦心人"。戴茂林和赵晓光历经15年撰写的《高岗传》虽然2011年才出版,但出版后引起了较大社会反响,众多报刊和网站予以转载和评论,而且当年即被评为2011年中华读书报年度图书100佳之一,2016年又被辽宁省人民政府授予2011—2012年度辽宁省哲学社会科学成果奖一等奖。

1.《高岗传》出版后众多报刊、网站转载和评论

据不完全统计,全书转载《高岗传》的网站有:

(1)新浪网
(2)搜狐网
(3)凤凰网
(4)网易
(5)腾讯网
(6)京东商城
(7)当当网

部分转载《高岗传》的网站有:

(1)人民网,2011年7月19日以《抗战时毛泽东为何重用高岗》为题转载。
(2)新华网,2011年4月1日以《高岗的1953年:毛泽东为何对其态度大变》为题转载。

转载《高岗传》的报刊有:

(1)《作家文摘报》,2011年4月12日至5月20日9期连载。
(2)《新京报》,2011年4月15日以《高岗之死》为题转载。
(3)《深圳晚报》,2011年4月13日至4月29日17期连载。
(4)《羊城晚报》,2011年5月5日至5月23日15期连载。
(5)《老人报》,2011年7月20日以《高岗进京后的第一次风波》为题转载。
(6)《文史参考》,2011年第10期以《高岗在西北的凶悍作风》为题转载。
(7)《新民周刊》,2011年第23期以《高岗自杀前后》为题转载。
(8)《中国新闻周刊》,以《高岗的1953年》为题转载。
(9)《东北之窗》,2011年分6期以《高岗的人生拐点》为题转载。
(10)《中国艺术批评》,2011年多期转载。

《高岗传》出版后不仅有众多报刊、网站转载,也引起了很多评论:

(1)《党史任务研究的又一拓荒作》,载《中国图书商报》2011年1月6日。
(2)《戴茂林、赵晓光传记文学〈高岗传〉》,载《文艺报》2011年12月12日。
(3)《实事求是原则与〈高岗传〉》,载《北京日报》2011年6月13日。
(4)《是非功过话高岗》,载《同舟共进》2012年第1期。
(5)《攻克难度才有高度》,载《科学时报》2011年5月19日。
(6)《高岗的功与错》,载《深圳特区报》2011年7月8日。

（7）《高岗传记面世》，载《文摘周报》2011年7月1日。

（8）《为高岗写传有三难》，载《文摘报》2011年7月5日。

（9）《高岗的两次婚姻——读〈高岗传〉一得》，载《人物》2011年第5期。

（10）《〈高岗传〉历时15年出版》，载人民网2011年6月13日。

（11）《读国内第一部〈高岗传〉》，载新华网2011年6月13日。

（12）《实事求是原则与〈高岗传〉》，载求是理论网2011年6月13日。

（13）《高岗的是非功过可以说还未盖棺定论》，载凤凰卫视2011年6月27日《开卷八分钟》。

（14）《〈高岗传〉出版突破禁区》，载《文汇报》2013年10月25日A13整版书评。

（15）《独家专访：高岗后人澄清七大传言》，载文汇网2013年10月25日。

（16）《高岗的是非功过"五项功绩"与"十大罪行"》，载胡耀邦史料信息网2012年1月29日。

2.《高岗传》引起广泛关注源于"让历史事实来说话"

为什么一部《高岗传》会引起这么大的反响？

《北京日报》2011年6月13日发表的《实事求是原则与〈高岗传〉》一文写道：

> 让历史事实来说话，把一个政治人物的传记写得引人入胜，是本书的一大特色。
>
> 政治人物的传记，很难摆脱板着面孔述说、流水账式叙述的窠臼。然而，此书不然。翻开这部传记，"引子"从一个老人的寿宴说起将读者带入历史，让你欲知详情；文采飞扬的叙述让你读起来欲罢不能；高岗一生的传奇经历以及引发的重大的历史事件让你欲知究竟；几十幅珍贵照片让你仿佛回到那逝去的历史时空。作者在研究方法上也有创新。不仅娴熟地运用了传统的史学研究

方法，言必有据，史论结合，而且还注意吸收当今史学研究的新观念，更注重史料运用，让历史事实来说话。引导读者站在历史的宏观大背景下诠释历史人物的功过是非。把一个政治人物的传记写得如此引人入胜，确实是本书的一大特色。

3.《高岗传》的成功在于"攻克难度才有高度"

由于《高岗传》出版后引起了较大的社会反响，所以《中华读书报》2011年12月21日发布的《2011中华读书报年度图书之100佳》中，《高岗传》名列其中。

2016年1月，辽宁省人民政府授予《高岗传》2011—2012年度辽宁省哲学社会科学成果奖一等奖。

《高岗传》出版后能够引起较大的社会反响并被辽宁省人民政府授予一等奖，是因为这部著作攻克了难度、具有了高度。

2011年5月19日的《科学时报》发表了莫巧琳撰写的《高岗传》书评，题目是《攻克难度才有高度》。

该文写道：

这是一部题材重大、导向正确的书。高岗不是非同寻常的人物，因他的错误而引发的高饶事件更是党执政后所发生的第一场重大的党内斗争。评述高岗的一生无法回避评价高饶事件，但本书对于高岗一生功过的叙述和评价是客观、公正、实事求是的。对于高岗曾经犯过的严重错误，书中既有事实描述又有原因分析；对于高岗在不同时期为陕北根据地的创建、东北根据地的发展乃至新中国经济建设所作出的功绩，书中也给予了实事求是的介绍和评析。

这是一部史料翔实、以史为据的书。作者为收集史料，两次来到高岗的家乡，深入到当时还不通汽车的高岗出生地召集知情人召开座谈会了解情况。作者查阅了中央档案馆等6家档案馆收藏的相关档案资料和众多文献材料，访问了包括高岗妻子、儿女、秘书、部下等在内的很多知情者，参阅了老一辈革命家撰写的相关回忆等资料。其中的很多重要史料是在本书中第一次公开发表。

这是一部图文并茂、引人入胜的书。政治人物的传记，很难摆脱板着面孔流水账式叙述的窠臼。然而，此书不然。翻开这部传记，独特的"引子"让你欲知详情，文采飞扬的叙述让你欲罢不能，高岗一生的传奇经历以及引发的重大的历史事件让你欲知究竟，难得一见的30多幅照片让你仿佛回到那硝烟弥漫的历史时空。

这是一部引人思索、总结经验教训的书。高岗的一生有过辉煌，也犯过大错。高饶事件原因复杂，过程曲折，教训深刻，发人深省。[①]

《高岗传》确实如此文所言，是一部题材重大、导向正确的书，是一部史料翔实、以史为据的书，也是一部图文并茂、引人入胜的书。

[①] 莫巧琳：《攻克难度才有高度》，载《科学时报》2011年5月19日。

二十三、率先研究东北局并以"优秀"结项国家社会科学基金项目"中共中央东北局研究"

成立于 1945 年 9 月的中共中央东北局在中国共产党的历史上具有重要地位，但由于种种原因很少有人涉足中共中央东北局研究，辽宁人民出版社 2017 年 1 月出版的《中共中央东北局（1945—1954）》是国内首部研究中共中央东北局的专著。

戴茂林和同事不仅出版了《中共中央东北局（1945—1954）》，而且又承担了国家社会科学基金项目"中共中央东北局研究"，并且经过深入研究于 2021 年以"优秀"结项。

1. 率先"挖掘东北局历史这座富矿"

自"1945 年至 1954 年的中共中央东北局发展史"被列为 2011 年度辽宁省社会科学规划基金重点项目起，戴茂林便开始全力研究中共中央东北局。

《中共中央东北局（1945—1954）》出版后，《辽宁日报》记者于 2017 年 5 月 2 日在《辽宁日报》以《挖掘东北局历史这座富矿——专访〈中共中央东北局〉作者戴茂林》为题，报道了该书的有关情况。

该文首先写道：

从 1945 年 9 月组建到 1954 年 1 月解散,中共中央东北局的历史不足十年,但在中共党史和新中国发展史上具有特殊重要的地位。作为首部研究东北局历史的学术专著,《中共中央东北局》以 38 万字的篇幅将这段历史完整地呈现出来。

关于东北局的研究有何历史价值与现实意义?难点何在?未来的研究还将在哪些方面展开?围绕这些问题,记者专访了《中共中央东北局》一书的第一作者、辽宁社会科学院研究员戴茂林。

然后,该文分三个部分介绍了专访戴茂林的有关情况。

戴茂林根据记者的提问,首先对东北局做了简要介绍:

中共中央东北局在 1945 年 9 月成立时称"东北中央局",简称"东北局",1954 年 11 月解散。它成立时就被党中央授予"全权代表中央指导东北一切党的组织及党员的活动"的职责,将近十年的时间里,东北局在党中央的正确领导下,领导东北军民创建东北根据地,解放全东北,建设新东北,使东北成为全国解放战争、抗美援朝战争和新中国经济建设的"三大基地",在中共党史和新中国发展史上具有特殊重要的地位。

然后,戴茂林对东北局的历史地位作了评价:

人们都熟知毛泽东曾用"两点"来评价西北根据地的重要:中国革命的落脚点和出发点。但实际上毛泽东也曾用"两点"来论述过东北解放区在中国革命和建设历史进程中的作用:东北既是"决定全国解放战争命运的关键点",还是"全国工业化的出发点"。新中国成立后,东北局率领东北人民在支持全国解放战争、迅速恢复国民经济、实现农业合作化和工业化、全力抗美援朝以及率先开展"三反"运动等方面,都取得了全国瞩目的成就,并创造了一系列有长远影响的宝贵经验。当然,东北局无论在战争年代还是在建设时期,工作中也有一系列的不足,自身建设中也有一些错误。不过,近十年间的东北局无论是取得的辉煌成就还是走过的弯路,都已经成为我们今天以史为鉴的难得经验。

在回答记者提出的"这样重要的一段历史为什么迟至今天才有一部专著出版"时，戴茂林说：

东北局领导的地域包括东北三省和内蒙古、河北的一部分，它存在的十年间又跨越解放战争和新东北建设两大阶段，所以，研究的内容众多，史料收集任务十分繁重，科学评述难度很大。特别是对一些东北局重要人物的研究，至今仍是党史研究中比较薄弱的领域，这也加大了我们的研究和写作的难度。但是，无论有多大难度，我们始终认为对东北局进行系统研究是我们学术研究者必须完成的一项任务，既有填补空白、丰富党史研究的历史价值，也有回击历史虚无主义利用东北局对我党进行污蔑攻击的现实意义，还可对辽宁老工业基地全面振兴提供精神支持和历史借鉴，所以必须迎难而上。

东北局研究是一座富矿。如何发掘这座富矿，需要在党中央的领导下有计划地进行。

"东北局研究是一座富矿""科学评述难度很大""是我们学术研究者必须完成的一项任务"，这正是戴茂林率先研究东北局的原因。

2. 出版《中共中央东北局（1945—1954）》给读者带来"意外惊喜"

2017年1月，辽宁人民出版社出版了戴茂林、李波著的《中共中央东北局（1945—1954）》。

虽然《中共中央东北局（1945—1954）》一书的出版时间写的是"2017年1月"，但实际上笔者在2016年11月末即看到了此书。所以，笔者在2016年12月21日的《辽宁日报》上发表了《意外惊喜》这篇书评。

《意外惊喜》全文如下：

读了辽宁人民出版社刚刚出版的《中共中央东北局》（简称《东北局》，作者戴茂林、李波）一书，收获一份意外惊喜。

称之为"意外惊喜",是原以为关于东北局的研究著作至少也要几年后才能看到。因为东北局虽然作为党中央派驻东北的领导机构在东北解放战争和新中国成立初期地位重要、意义深远,但由于特殊的历史原因,多年来关于东北局的研究十分薄弱。不久前才得知党中央对东北局的研究十分重视,但没想到系统研究阐述东北局发展史的《东北局》一书已经问世。

东北局1945年9月成立之时,就被党中央授予"全权代表中央指导东北一切党的组织及党员的活动"的职责。东北局不负重托,从1945年9月组建到1954年11月解散这十年间,在党中央的正确领导下,领导东北军民创建东北根据地,解放全东北,建设新东北,使东北成为全国解放战争、抗美援朝战争和新中国经济建设的"三大基地"。其地位之重要、成就之显赫、影响之深远,在全国各大区中独占鳌头。

然而,一部如此厚重的东北局发展史,竟然在新中国成立半个多世纪后,仍然无人论及。

这固然与曾任东北局书记的林彪、高岗后来出了问题评价起来十分复杂有关,也与研究东北局难度很大,需要有极大的精力和投入来挖掘史料、考证史实、论析事件、评价人物等密切相关。

不过,世上无难事,只要肯登攀。《东北局》一书的作者是先研究高岗,并在2011年出版了《高岗传》后再接再厉,继续潜心研究东北局的发展历程,终于为读者奉献了《东北局》这份"意外惊喜"。

笔者认真读完这部近40万字的专著后,深感此书有三大特点:

第一,脉络清晰,结构合理,内容翔实。全书分"解放全东北"和"建设新东北"上下两篇,首先从中国共产党组织机构在东北的演变论起,然后按历史脉络将东北局的创立和发展徐徐展开,洋洋洒洒20章,比较完整地呈现了东北局十年来的发展历程和主要业绩。

第二,观点鲜明,不回避难点,对一些敏感事件和人物的评价真实客观。东北局研究有一系列难点,一些重大课题至今仍是众说纷纭。例如,如何评价解放战争初期党在东北战略方针的转变。不但历史上的当事人有不同的说法,学界同仁们至今也有相左的意见。本书则依据翔实的史料,对此课题进行了充分的考证和辨析，提出了不同以往且令人信服的结论。

第三，文笔流畅，图文并茂，有很强的可读性。一部学术色彩极浓的史学专著，如何能做到雅俗共赏，让专家和普通读者都爱读愿看？这着实需要作者有扎实的功力。《东北局》开篇就用历史散文的笔触把读者引进了毛泽东关于东北战略地位的判断之中，写道："1945年5月31日，毛泽东在中国共产党第七次全国代表大会上的结论中，用了很大的篇幅讲领导问题。领导问题自然是一个海阔天空的大课题，但毛泽东在这里集中讲的只是领导和预见的关系，而且结论也很干脆：没有预见就没有领导。熟悉毛泽东领导风格的人都能预见到，他在抗日战争胜利前夜的中共七大上大谈领导与预见，定非泛论，必有所指。果然，毛泽东接着就做出了一个语惊四座的预见：从我们党，从中国革命的最近将来的前途看，东北是特别重要的。如果我们把现有的根据地都丢了，只要我们有了东北，那么中国革命就有了巩固的基础。"

《东北局》一书不但叙述流畅，而且书中收录了107幅插图，其中很多是首次发表。这些珍贵的历史照片和文字叙述有机地结合在一起，不但使尘封的历史鲜活起来，也使读者对这段历史的了解更加深入。

当然，正如《东北局》作者在后记中所言，"这本书仅仅是开启东北局研究的一个尝试"。如何发掘东北局这座富矿，尚需有更多的人在占有更丰富史料的基础上产生更多的作品，从而使读者们不断地收获更多的惊喜。

《中共中央东北局（1945—1954）》一书的出版之所以被称为"意外惊喜"，如此文所言，"是原以为关于东北局的研究著作至少也要几年后才能看到"，"但没想到系统研究阐述东北局发展史的《东北局》一书已经问世"。

3. 承担国家社会科学基金项目"中共中央东北局研究"并以"优秀"结项

戴茂林申报的"中共中央东北局研究"被列为2017年国家社会科学基金项目（批准号：17BDJ014）后，他和课题组成员努力研究，于2020年8月向全国哲学社会科学工作办公室提交了结项报告。

结项报告中首先汇报了项目预期研究计划的执行情况：

"中共中央东北局研究"（17BDJ014）项目计划完成时间是2020年10月30日。预期研究计划是：第一年，收集、整理、考证相关资料，编撰《东北局大事记》；第二年，分专题研究东北局在各个阶段的重要工作，形成《东北局专题研究》；第三年，撰写《中共中央东北局史》。

到2020年7月，预期研究计划已经全部完成，但研究成果有些调整。

（1）完成此项目研究的重要基础工作，是尽可能全面地收集中共中央东北局文件。因此，课题组成员经过近一年的努力，编辑了一部供研究用的《中共中央东北局文件汇编》，共收集了1945年至1954年东北局文件（含相关附件）796篇，约108万字，为课题研究奠定了坚实基础。

（由于部分文件涉密，故只上传文件目录）

（2）《中共中央东北局大事记》计划为50万字，现已完成的成果为56万余字。

（3）《中共中央东北局专题研究》计划为24个专题，但因为相关研究内容已经吸收到了《中共中央东北局史》中，所以，《中共中央东北局专题研究》改为《中共中央东北局疑难问题考证》，共考证了22个问题，近8万字，作为《中共中央东北局史》的附录内容。

（4）《中共中央东北局史》是本课题研究的最终成果，原设计为13章，55万字，现成果为18章加附录，共48万字。

（5）课题负责人撰写的课题相关研究成果《辽宁成为"共和国长子"是历史的选择》，在《辽宁日报》2018年7月24日理论版发表。

（6）课题负责人撰写的课题相关研究成果《"共和国长子"——辽宁省的成立与演变》一文，在《党史纵横》2019年第11期发表。

（7）课题负责人于2018年2月5日撰写的《关于隆重纪念辽沈战役70周年的建议》呈报中共辽宁省委，时任中共辽宁省委书记于2018年2月14日作出批示，中共辽宁省委督查室于2018年2月27日发出《督办通知》（辽委督〔2018〕59号）。

然后，报告了成果研究内容及方法的创新程度、突出特色和主要建树：

1. 本成果共有四项研究内容

（1）《中共中央东北局文件汇编》。收录原则：一是中共中央东北局发布的决定、指示、通知、电报等文件；二是中共中央东北局与其他部门联合发布的决定、指示、通知、电报等文件；三是中共中央东北局主要领导向党中央的请示、报告、致电等文件；四是中共中央东北局各部委、各分局、各省委、直辖市委通过中共中央东北局向党中央报告的文件。中共中央对东北局文件的批复以及相关重要文件作为附录收录。

（2）《中共中央东北局大事记》。收录原则：一是中共中央、中央主要领导关于东北局的论述以及东北局的重要文件，原则上概述主要内容，有的引用原文；二是东北局直接领导下的大事以及东北局领导人的讲话、文章，原则上简述要点；三是东北局所属分局及各省、市的大事，根据重要性、时效性、准确性以及史料价值择要简述；四是某些与东北局相关的重大事件列专条按时间顺序写入，作为背景参考资料。

（3）《中共中央东北局疑难问题考证》。共考证了东北局研究过程中的22个疑难问题。

（4）《中共中央东北局史》。《中共中央东北局史》是项目最终成果，共18章，系统阐述了东北局创立、发展和解散的全过程。

2. 方法的创新程度

一是充分吸收借鉴已有的相关成果，下大力气收集、挖掘、考证东北局史料。

二是站在中国革命与建设的全局高度，对东北局的发展历程进行系统研究和阐述。

三是坚持马克思主义的科学立场，认真总结中共中央东北局发展历程中的经验和教训。

3. 突出特色和主要建树

（1）收集了大量东北局文件。课题组从辽宁、吉林、黑龙江等档案馆和报纸、杂志等文献中，收集、汇编了796篇东北局文件和相关附件，其中一半左右文件未公开发表过，还有一批文件是首次披露。

（2）形成了一部内容丰富的《中共中央东北局大事记》。

（3）考证了一批以往不清楚或搞错了的问题。

《中共中央东北局疑难问题考证》中考证的22个问题，有的是公开出版物中搞错了的问题，有的是重要著述中提出的与史实不符的观点，有的是学术界长期没有搞清的问题。

（4）填补了中共中央东北局史研究空白。由于林彪、高岗任东北局书记等复杂因素，至今尚无一部中共中央东北局史。本课题研究最终成果《中共中央东北局史》，系统全面地阐述了中共中央东北局在党中央领导下成立发展和解散的历史进程，从而完成了中共中央东北局史的研究和写作工作。

……

2021年1月，全国哲学社会科学工作办公室共验收了543个年度项目、青年项目和西部项目结项申请。经同行专家鉴定，446个项目予以结项；71个项目暂缓结项（参照鉴定意见修改后复审或重新申请鉴定）；26个项目被终止。

在446个予以结项的项目中，优秀31项，良好147项，合格267项，免于鉴定1项。

"中共中央东北局研究"是"优秀"结项成果中的一项（结项证书：20210077）。

二十四、明确提出所谓的"查档事件"是一起以讹传讹的乌龙事件

所谓的"查档事件"自赵家梁 2001 年 10 月抛出后,已经成为"高饶事件"研究中的焦点,而且事关如何评价新中国成立初期党的领导。

面对中共党史研究中如此重要的问题,戴茂林在《当代中国史研究》2013 年第 1 期发表了《"毛泽东让高岗查刘少奇档案"一说辨析》,又于 2016 年 1 月由中共中央党校出版社出版了《"毛泽东查刘少奇档案"真相调查》,明确提出"所谓的'查档事件'是一起以讹传讹的乌龙事件"。

1. 在《当代中国史研究》发表《"毛泽东让高岗查刘少奇档案"一说辨析》

2013 年 1 月,戴茂林在《当代中国史研究》2013 年第 1 期的"热点探析"栏目,发表了《"毛泽东让高岗查刘少奇档案"一说辨析》一文。

该文共分以下 6 个部分:

(1)"查档事件"的源起及几种说法中的矛盾。

(2)赵家梁明确表示他当时并不在场,郭峰认为张秀山如果落实此事他一定会知道。

(3)从 1952 年 7 月到 1953 年 5 月左右,东北局确实搞了一次规模较大

的清理敌伪档案工作。

（4）在这次清理敌伪档案的过程中，曾经发生了误把刘少猷与刘少奇混同为一个人的事情。

（5）张秀山在世时整理的回忆录中并没有"查档事件"的相关内容。

（6）几点结论。

该文通过分析考证后得出的结论是：

"毛泽东在1953年让高岗查东北敌伪档案中有关刘少奇1929年在奉天（沈阳）被捕情况"的结论，是不能成立的。①

2. 由中共中央党校出版社出版《"毛泽东查刘少奇档案"真相调查》

2016年1月，中共中央党校出版社出版了戴茂林著的《"毛泽东查刘少奇档案"真相调查》。

该书分上篇流传、中篇考证、下篇结论三个部分，叙述了"查档事件"的流传经过，考证了与此问题有关的重要史实，得出了下列3点结论：

（1）所谓的"查档事件"是一起"张冠刘戴"的乌龙事件。
（2）新中国成立初期毛泽东既无动机查刘少奇档案也无理由交代高岗办理此事。
（3）一些人把"查档事件"作为攻击毛泽东"分裂党"的注脚。

书中还附录了3份史料：

---

① 戴茂林：《"毛泽东让高岗查刘少奇档案"一说辨析》，载《当代中国史研究》2013年第1期。

（1）访问郭峰谈话记录。
（2）郭峰在"文化大革命"期间就东北局清档工作写的"交代材料"。
（3）《东北地区党的高级干部会议关于拥护七届四中全会和谈论高岗、饶漱石问题的决议》。

3. 更加深入地研究所谓的"查档事件"

虽然《"毛泽东查刘少奇档案"真相调查》一书以史为据，论证翔实，但出版后引来了一些争议。

著名党史研究专家林蕴晖2017年在香港中文大学出版社出版的《重考高岗、饶漱石"反党"事件》一书中，专门写了《评戴茂林〈"毛泽东查刘少奇档案"真相调查〉》一文，坚持认为：

> 张秀山所说的1953年毛泽东嘱高岗查刘少奇1929年奉天被捕一事是无可争辩的事实。①

由此可见，搞清"查档事件"的真相已经成为科学评价"高饶事件"的关键问题，而且搞清"查档事件"的真相还涉及如何评价新中国成立初期中国共产党的领导。

因此，在所谓的"查档事件"仍在广泛流传，一些专家学者仍以"查档事件"为据来论证"高饶事件"是"中共高层权力之争"，实事求是地调查"查档事件"的真相后仍被曲解甚至是歪曲的情况下，进一步深入研究"查档事件"，用更翔实的史实澄清事件的真相，纠正广泛流传的不实见解和错误认识，是深入研究并科学评价"高饶事件"乃至新中国成立初期中国共产党领导的需要。

所以，戴茂林正在依据更加翔实的史实，进一步研究所谓的"查档事件"。

---

① 林蕴晖：《重考高岗、饶漱石"反党"事件》，香港中文大学出版社2017年版，第357页。

二十五、《统一规范表述党员干部的"理想信念"内容》一文得到中共中央组织部的重视

党史研究既要有学术价值也要服务于党的建设,这是由党史学科的性质决定的。

戴茂林在 2015 年开展"三严三实"专题教育时,发现有关文件中对"理想信念"的内容表述不一,便与同事撰写了《建议中央按照习近平总书记的相关论述统一规范表述党员干部的"理想信念"内容》一文,在《辽宁智库》2015 年第 5 期发表,并得到了中共中央组织部领导的重视。

1. 工作中发现改革开放以来不同时期关于理想信念的表述不一

2015 年 6 月 18 日,《辽宁智库》第 5 期发表了戴茂林执笔的《建议中央按照习近平总书记的相关论述统一规范表述党员干部的"理想信念"内容》一文。

该文共分三部分,第一部分是"改革开放以来不同时期关于理想信念的各种表述",提出:

中办印发的《关于在县处级以上领导干部中开展"三严三实"专题教育方案》提出:第一个学习研讨专题"是严以修身,加强党性修养,坚定理想信念,把

牢思想和行动的'总开关'。重点学习研讨如何坚定马克思主义信仰和中国特色社会主义信念"。但在学习研讨以及随之开展的调研中发现，党的有关文件和重要文献对"理想信念"的内容规定不一，导致学习中形成了一些困惑。在对有些干部进行访谈中他们也反映，目前关于理想信念的内容表述有多种说法，能不能有一个统一的权威性的概述限定。由此，我们认为，在加强干部理想信念教育过程中，中央有关部门应该对党员干部所要坚定的理想信念有一个统一的、规范的内容表述。

然后，文中列举了改革开放以来不同时期关于理想信念的各种表述。

第二部分是"习近平总书记关于理想信念的论述是新形势下对党员干部理想信念的全面阐述"，认为：

习近平总书记关于理想信念的论述内含丰富，表述生动，寓意深刻，是新形势下对党员干部理想信念的全面阐述。

第三部分是"几点建议"，提出了以下四点建议：

（1）中央有关部门应该依据习近平总书记的重要论述，从统一思想认识的高度，把"理想信念"作为统一的政治用语和核心标准概念，对其内容作出统一的规范性的权威表述。

（2）中央有关部门应从保持中国特色社会主义理论思想一脉相承的高度，保持党的重大文献中有关理想信念的内容表述要有逻辑一致性、内容连贯性和时代连续性。如果有新认识、新要求和理论创新变化，应作出一些郑重解释和说明。

（3）中央有关部门的学习和宣传材料要对理想信念使用统一规范表述。中央有关部门在印发党员干部学习材料和印发宣传材料时，在涉及理想信念的概念界定时，应该尽快在内容表述上使用统一规范的表述。

（4）中央有关部门可委托相关部门以"理想信念的基本内容和规范表述"

为专题做立项专项研究。

2. 建言经《人民日报内参》报送后得到中共中央组织部领导的批示

《建议中央按照习近平总书记的相关论述统一规范表述党员干部的"理想信念"内容》一文于 2015 年 6 月 18 日在《辽宁智库》第 5 期发表后，转送给了人民日报社内参部。2015 年 7 月 30 日，人民日报社内参部给辽宁社会科学院发来了《内参用稿通知单》：

内参用稿通知单

辽宁社会科学院戴茂林同志撰写的文章，刊登在《人民日报内参》（信息专报 2300 字）2015 年 7 月 2 日第 24 期。题目《统一规范表述党员干部的"理想信念"内容》。特此通知。

　　此致
敬礼！

人民日报社内参部
2015 年 7 月 30 日

《统一规范表述党员干部的"理想信念"内容》一文经人民日报社内参部报送后，得到了中共中央组织部领导的重视，2015 年 6 月 23 日，中共中央组织部部长批示：

××、××、×× 同志：
辽宁社科院所提建议，请研究室组织研究。

3.应中共中央组织部研究室邀请赴京参加关于"理想信念"规范表述座谈会

2015年11月6日,中共中央组织部发来邀请函:

辽宁社会科学院:

  现邀请贵院戴茂林、牟岱二位同志于2015年11月9日下午到中组部研究室参加关于"理想信念"规范表述座谈会。

中组部研究室

2015年11月6日

  2015年11月9日,戴茂林和同事来到中组部参加座谈会。
  在座谈会上,中组部研究室就《关于"理想信念"规范表述建议(初稿)》征求了戴茂林等与会者的意见。

二十六、《抗美援朝纪念设施相关表述需调整》的建言得到国家有关领导的批示

为了进一步发挥辽宁省红色资源优势打造革命文物陈列展览精品，戴茂林从2021年3月中旬到4月中旬，到辽宁省的中共满洲省委旧址纪念馆、沈阳"九·一八"历史博物馆、沈阳抗美援朝烈士陵园、锦州辽沈战役纪念馆、丹东抗美援朝纪念馆、沈阳城市规划展览馆进行了专题调研，然后撰写了《关于进一步发挥我省红色资源优势打造革命文物陈列展览精品的建议》，在2021年第6期《咨政建言》发表。

2021年10月，戴茂林撰写的《抗美援朝纪念设施相关表述需调整》一文经《中央广电总台信息专报》向有关方面报送，得到了国家有关领导的批示。

1.2021年5月发表《关于进一步发挥我省红色资源优势打造革命文物陈列展览精品的建议》

2021年5月26日，戴茂林撰写的《关于进一步发挥我省红色资源优势打造革命文物陈列展览精品的建议》在辽宁省人民政府参事室主办的《咨政建言》第6期发表。该文共3个部分，各部分的题目是：

（1）我省是红色基因库大省，这些宝贵的红色资源对于实现辽宁全面振兴、

全方位振兴意义重大

（2）我省的一些红色纪念设施在展览内容表述上，存在不全面、不准确、基本史实错误等问题

（3）关于打造革命文物陈列展览精品的几点建议

在文章的第二部分，列出了一些场馆在展览内容表述上存在的问题：

一是不全面，重要内容缺失。
二是不准确，不符合历史实际。
三是基本史实错误，时间、地点、人物表述有误。

文中提出了打造革命文物陈列展览精品的3点建议：

第一，认真学习深刻领会习近平总书记关于革命文物工作的重要指示，加强对打造革命文物陈列展览精品的领导。
第二，交流经验，查找不足，相互学习借鉴。
第三，集中力量打造精品，重点推进"一园二址四馆"的建设保护利用。①

2. 2021年6月提交《抗美援朝纪念设施的相关表述要全面、准确，不当之处应高度重视尽快改正》

戴茂林撰写的《关于进一步发挥我省红色资源优势打造革命文物陈列展览精品的建议》发表后，得到了有关方面的重视。6月18日，中央电视台驻辽宁记者站记者对戴茂林进行了专访，重点了解了辽宁省两处抗美援朝纪念设施在

---

① 戴茂林：《关于进一步发挥我省红色资源优势打造革命文物陈列展览精品的建议》，载辽宁省人民政府参事室《咨政建言》2021年第6期。

有关文字表述中存在的问题。访谈后，戴茂林将《抗美援朝纪念设施的相关表述要全面、准确，不当之处应高度重视尽快改正》一文交给了记者。

《抗美援朝纪念设施的相关表述要全面、准确，不当之处应高度重视尽快改正》一文共3个部分，各部分的题目是：

（1）丹东抗美援朝纪念馆关于中国人民志愿军出国作战缘由的表述中，没有"美国政府派遣第七舰队侵入台湾海峡"的内容

（2）沈阳抗美援朝烈士陵园里的烈士纪念碑碑文中的表述，与历史事实不符

（3）抗美援朝纪念设施具有广泛的国内外影响，不准确的文字表述应尽快改正

6月24日，中央广电总台内参中心主办的《中央广电总台信息专报》（第505期），向有关方面上报了根据戴茂林的文章编辑的《抗美援朝纪念设施相关表述需调整》一文。

3.《抗美援朝纪念设施相关表述需调整》的建言得到了国家有关领导的批示

《抗美援朝纪念设施相关表述需调整》一文经中央广电总台内参中心上报后得到了国家领导的重视，2021年10月18日，戴茂林收到了中央广播电视总台辽宁总站发来的《用稿通知单》。

戴茂林老师：

您的稿件：《抗美援朝纪念设施相关表述需调整》，已经于2021年9月在中央广播电视总台——内参调研——报送，并得到了国家有关领导的批示。

特此证明，谢谢供稿。

中央广播电视总台辽宁总站

附录

一、出版的学术专著

1.《莫斯科中山大学与王明》，黑龙江人民出版社1988年版（与曹仲彬合著）

2.《王明传》，吉林文史出版社1991年版（与曹仲彬合著）

3.《民众大联合——毛泽东的统战观》，中国政法大学出版社1993年版（独著）

4.《八年抗战中的东北救亡总会》，东北大学出版社1996年版（与邓守静合著）

5.《中国共产党人形势观》，辽宁人民出版社2001年版（与张志光、周维强、王道文合著）

6.《王明传》，中共党史出版社2008年版（与曹仲彬合著）

7.《高岗传》，陕西人民出版社2011年版（与赵晓光合著）

8.《王明与莫斯科》，辽宁人民出版社2013年版（独著）

9.《"毛泽东查刘少奇档案"真相调查》，中共中央党校出版社2016年版（独著）

10.《中共中央东北局（1945—1954）》，辽宁人民出版社2017年版（与李波合著）

11.《王明传》，天地出版社2020年版（与曹仲彬合著）

二、发表的学术论文

1.《无政府主义者参加北京共产主义小组的原因》，载《党史研究》1986年第3期，北京出版社1989年出版的《北京党史研究文集》收录

2.《党史研究中一个值得重视的问题》，载《党史信息》1987年1月16日

3.《王明去莫斯科中山大学及回国时间考》，载《党史研究资料》1987年第3期

4.《王明在中山大学支部局任职情况》，载《党史信息》1988年3月1日

5.《试论王明"左"倾冒险主义对"九一八"学生运动的影响》，载《青少运史研究》1988年第4期

6.《试论传统文化与"左"倾错误的渊源》，载《福建党史月刊》1988年第5期，中国人民大学书报资料中心复印报刊资料《中国现代史》1988年第7期转载

7.《中国共产党主要领导权力转换的类型及其特点》，载《福建党史月刊》1989年第1期，中国人民大学书报资料中心复印报刊资料《中国共产党》1989年第3期转载

8.《莫斯科中山大学》，载《党史纵横》1989年第1期

9.《王明是怎样出国去莫斯科中山大学的？》，载《党史研究资料》1989年第1期

10.《王明在〈中共五十年〉中的一个谎言》，载《革命春秋》1989年第2期

11.《也谈"江浙同乡会"冤案的由来》，载《党史研究资料》1989年第12期

12.《浅析中国共产党三代领导集体的形成及特点》，载《党政干部学刊》1990年第8期，中国人民大学书报资料中心复印报刊资料《中国共产党》1990年第9期转载

13.《评〈我们对于保卫武汉与第三期抗战问题底意见〉——兼与夏钢同志

商榷》，载《武汉党史》1991 年第 3 期

14.《在我国为什么不能实行西方的多党制？》，载《党政干部学刊》1991 年第 4 期

15.《试论中国共产党领导集体的历史发展及经验教训》，载《福建党史月刊》1991 年第 11 期，中国人民大学书报资料中心复印报刊资料《中国现代史》1992 年第 3 期转载

16.《驳王明对毛泽东的一则诬陷》，载《人民论坛》1994 年第 2 期

17.《三次"跨越"与建设有中国特色的社会主义》，载《中国党政干部论坛》1995 年第 1 期

18.《论东北救亡总会的特点与贡献》，辽宁省党校系统纪念抗战胜利 50 周年学术研讨会入选论文，载李秉刚、戴茂林主编：《抗日战争与民族振兴》，东北大学出版社 1995 年版

19.《〈反攻〉半月刊评述》，全国党校系统纪念抗日战争、世界反法西斯战争胜利和党的七大召开五十周年学术研讨会入选论文，载中共中央党校科研部编著：《论抗日战争》，中国人事出版社 1996 年版

20.《〈反攻〉半月刊介绍》，载《抗日战争研究》1996 年第 4 期

21.《香港回归对世界和平的贡献》，载《党政干部学刊》1997 年第 6 期

22.《社会主义初级阶段是最大的实际》，载《辽宁日报》1997 年 8 月 4 日

23.《鞍钢宪法：毛泽东探索中国社会主义建设道路的重要一环》，载《教学与研究》1998 年第 9 期

24.《一腔心血映春秋——周恩来与东北抗日救亡运动》，载《党史纵横》1999 年第 1 期

25.《邓小平与党的第三代领导集体的建立》，载《党政干部学刊》1999 年第 2 期

26.《鞍钢宪法研究》，载《中共党史研究》1999 年第 6 期

27.《刘少奇与高饶事件》，载《刘少奇百周年纪念——全国刘少奇生平和思想研讨会论文集》（上），中央文献出版社 1999 年版

28.《中国共产党领导集体的演变与领导体制的完善》，载《党政干部学刊》1999年增刊

29.《科学分析形势是坚定正确理想信念的前提》，载《党政干部学刊》2000年第2期

30.《"三讲"教育取得成效的原因》，载《理论与实践》2000年第2期

31.《试论东北救亡总会的主要特点》，载初兴佳、杨学义、王海晨主编：《九一八研究》（第一辑），吉林文史出版社2000年版

32.《中国改革的实质是社会主义体制的创新》，载《特区理论与实践》2001年第1期

33.《高岗》，载中国中共党史人物研究会编：《中共党史人物传》第82卷，中央文献出版社2002年版

34.《试析"高饶事件"发生的体制性因素》，载《辽宁党校报》2003年2月15日

35.《试析党的历史方位的变化与"左"倾右倾表现的同异》，载《党政干部学刊》2003年第6期，《北京党建》2004年第3期转载

36.《试析"高饶事件"发生的原因》，载《党史研究与教学》2003年第6期

37.《关于"高饶事件"几个问题的再探讨》，载《中共党史研究》2004年第6期，《新华文摘》2005年第4期转载

38.《年轻干部的政绩观与党性锻炼》，载《党建研究》2004年第9期

39.《党的先进性是具体的历史的》，载《辽宁日报》2005年1月24日

40.《筋骨几番经烈火，何计生前身后名——追忆访问郭老》，载《辽宁党校报》2005年4月15日

41.《任弼时与西北局高干会议》，载任弼时生平和思想研讨会组织委员会编：《任弼时百周年纪念——全国任弼时生平和思想研讨会论文集》，中央文献出版社2005年版

42.《关于"科瓦廖夫报告"的几点思考》，载《中共党史研究》2005年第5期

43.《解放战争时期党在东北解放区的执政经验研究》,载《理论探讨》2006年第6期

44.《试析马克思主义中国化研究中的几个问题》,载《党政干部学刊》2006年第12期

45.《中国特色社会主义是人类制度文明的重大创新》,载《党政干部学刊》2008年第2期

46.《"二十八个半布尔什维克"之说的来龙去脉》,载《北京日报》2009年4月27日

47.《"五虎上将"沉浮录》,载《同舟共进》2009年第8期

48.《关于王明研究中几个问题的考证》,载《中共党史研究》2010年第12期

49.《高岗集团"五虎上将"的沉浮》,载《中华读书报》2011年7月6日,《新华文摘》2011年第18期转载

50.《六届四中全会前后有关王明研究的几则史实辨析》,载《中共党史研究》2011年第11期

51.《高岗的1953年》,载《中国新闻周刊》2011年第12期

52.《一九五三年全国财经会议"搬兵"之我见》,载《中共党史研究》2012年第11期

53.《中国特色社会主义是党和人民长期实践取的根本成就》,载《辽宁党校报》2012年11月30日

54.《"毛泽东让高岗查刘少奇档案"一说辨析》,载《当代中国史研究》2013年第1期

55.《改进作风,取信于民》,载《共产党员》2013年第8期

56.《中国共产党的三件大事与中国梦》,载《党政干部学刊》2014年第2期

57.《为官当反思》,载《辽宁日报》2014年6月5日

58.《党史人物评价中的"隐性"抹黑不应忽视》,载《理论视野》2015年第5期

59.《论解放战争初期党在东北战略方针的演变》，载《社会科学辑刊》2016 年第 3 期

60.《"为着领导"的科学预见》，载《北京日报》2017 年 8 月 7 日

61.《辽宁成为"共和国长子"是历史的选择》，载《辽宁日报》2018 年 7 月 24 日

62.《"共和国长子"——辽宁省的成立与演变》，载《党史纵横》2019 年第 11 期

63.《1946 年中共中央关于东北局领导人调整的决策考论》，载杨凤城主编：《中共历史与理论研究》第 9 辑，社会科学文献出版社 2023 年版

三、采用的咨政建言

1.《改革开放以来辽宁发展战略的演变、特点与启示》，载中共辽宁省委党校《发展战略参考》2003 年第 5 期

2.《建议后备干部人选不应该在操作中"被公开"》，载《辽宁智库》2015 年第 1 期

3.《统一规范表述党员干部的"理想信念"内容》，载《人民日报内参》2015 年第 24 期

4.《从维护意识形态安全高度尽快掌控高岗问题研究的主动权》，载《辽宁智库》2015 年第 20 期

5.《东北振兴要经济体制机制改革和政治生态环境变革齐发力》，载《辽宁智库》2016 年第 13 期

6.《建议从整治文山会海入手构建我省良好政治生态，推进软环境建设》，载《辽宁智库》2016 年第 17 期

7.《民主集中制是破解一把手监督难的关键》，载《人民日报内参》2016 年第 33 期

8.《弘扬英模精神，助力振兴发展——关于成立"辽宁英模干部学院"的建议》，载辽宁省人民政府参事室《咨政建言》2017 年第 9 期

9.《省政府网站辽宁历史沿革和行政区划文字表述亟待修改》，载辽宁省人民政府参事室《咨政建言》2018 年第 5 期

10.《关于隆重纪念辽沈战役 70 周年的建议》，2018 年 2 月 5 日上报中共辽宁省委，时任中共辽宁省委书记于 2018 年 2 月 14 日作出批示，中共辽宁省委督查室于 2018 年 2 月 27 日发出《督办通知》

11.《对我省中小学课后服务政策的建议》，载辽宁省人民政府参事室《咨政建言》2019 年第 4 期

12.《慎用"第一炉钢第一架飞机第一艘巨轮等"的建议》，载辽宁省人民政府参事室《咨政建言》2019 年第 9 期

13.《关于进一步发挥我省红色资源优势打造革命文物陈列展览精品的建议》，载辽宁省人民政府参事室《咨政建言》2021 年第 6 期

14.《关于在沈阳建设东北局纪念馆的建议》，载辽宁省人民政府参事室《咨政建言》2021 年第 10 期

15.《关于将中国人民志愿军烈士遗骸安葬在烈士墓群的建议》，载辽宁省人民政府参事室《咨政建言》2021 年第 18 期

16.《抗美援朝纪念设施相关表述需调整》，2021 年 9 月经中央广播电视总台内参调研报送，国家有关领导批示

后记

论述戴茂林的中共党史研究之路,是我多年的愿望。这个愿望在戴茂林的帮助和辽宁人民出版社的支持下,终于实现了。

希望戴茂林的中共党史研究之路能给读者带来有益的参考。

不当之处,敬请批评指正。

戴利研

2024 年 7 月 20 日